MW01624945

# Una vida emprendedora

AUTOBIOGRAFÍA

Jay Van Andel

TALLER DEL ÉXITO

Una vida emprendedora



Título en inglés: *An Enterprising Life*
Traducción: © 2011 Taller del Éxito Inc.



Publicado por:

Taller del Éxito, Inc.
1669 N.W. 144 Terrace, Suite 210
Sunrise, Florida 33323
Estados Unidos

Editorial dedicada a la difusión de libros y audiolibros de desarrollo personal, crecimiento personal, liderazgo y motivación.

Primera edición Taller del Exito 2011
Diseño de carátula y diagramación: Diego Cruz

ISBN 10: 1-607380-65-X
ISBN 13: 978-1-60738-065-8

Printed in the United States of America
Impreso en Estados Unidos

12 13 14 15 16 R|UH 11 10 09 08 07

*Dedicado a Betty, mi esposa y*
*entrañable amiga. Su devoción y*
*fidelidad conforman el ancla que*
*me mantiene a salvo cuando las*
*tormentas de la vida acechan.*
*Su fe viva e infinito amor serán su*
*legado para nuestros hijos y nietos.*

# CONTENIDO

# RECONOCIMIENTOS

He descubierto que recuperar los recuerdos, experiencias personales y eventos de setenta y tres años de vida, no es tarea fácil.

Ha sido una misión lenta y tediosa pero personalmente gratificante. Este libro nunca habría llegado al escritorio del editor sin el apoyo leal y confiable de muchos amigos, confidentes y colegas.

Estoy en deuda con Bill Nicholson, Billy Zeoli, y Casey Wondergem, cuya insistencia y ánimo me impulsaron a finalmente publicar la historia de mi vida y mis creencias. Un agradecimiento especial para el doctor Luis Tomatis, quien me animó durante todo el proceso.

Sharon Sanford se esforzó esmeradamente investigando y revisando cajas, archivos y videos acumulados durante cincuenta años de "almacenar cosas". Estoy agradecido por su persistencia.

Sería negligente no agradecer a mis cuatro hijos, Nan, Steve, Barb y Dave, por sus consideradas entrevistas de investigación que me ayudaron a llenar los vacíos en algunos de mis recuerdos.

La orientación y dirección del editor retirado Peter Kladder fue de gran valor. Él nos instruyó respecto a las complejidades que implica el hecho de producir un libro. También debo extender mis agradecimientos a Lyn Cryderman, editora asociada de Zondervan, y a Lauren Rowland, editora en jefe de HarperCollins, por su asistencia en la edición y por sus sugerencias editoriales.

Estoy en deuda con el padre Roberto Sirico del Instituto Acton. Sus conversaciones durante los últimos dos años me ayudaron a trazar el esquema de este libro; también agradezco a otros miembros del equipo de Acton, especialmente a Timothy Terrell, cuya asistencia editorial fue invaluable en la realización de este proyecto.

Y por sobre todo, doy gracias al Dios Todopoderoso por darme la salud y la fortaleza para relatar esta historia personal de mi pasión por la vida, por mi familia y por mi fe.

# PRÓLOGO

## Rich DeVos, Cofundador de la Corporación Amway

Sociedades como la que tuve con Jay por tantos años son escasas en el mundo de los negocios. Muchas se debilitan por el egoísmo, la codicia, y la deslealtad, pero Jay y yo construimos nuestra relación basados en el respeto y el cuidado mutuo. Nuestro vínculo de negocios tuvo como fundamento una sólida amistad y una herencia religiosa en común. Nos entendíamos recíprocamente porque nos habíamos visto en entornos fuera de los negocios. Confiamos el uno en el otro porque a los dos nuestros padres cristianos nos enseñaron honestidad y fidelidad. Cuando iniciamos varios proyectos de negocios en nuestra juventud, algunos tuvieron éxito y otros no, pero conocí las fortalezas y debilidades de Jay y él conoció las mías. Para cuando iniciamos Amway en 1959, habíamos desarrollado un profundo respeto mutuo que duraría toda la vida.

Desde que me retiré de Amway en 1992, los lazos de amistad entre Jay y yo han permanecido fuertes. Al enfrentar dificultades de salud, él ha estado a mi lado siendo ayuda y brindándome apoyo. Mi respeto hacia él ha aumentado aún más al ver su generosidad hacia la comunidad y por la consistente y desinteresada colaboración que le ofrece a Betty, su esposa, en medio de sus problemas de salud. Su carácter moral y amor por su comunidad y familia ahora se evidencian de forma más clara que nunca.

La vida completa de Jay ha sido una armonía entre habilidades para los negocios y comportamiento moral, motivo por el cual este libro es tan importante. Pocas personas ven el emprendimiento como una labor moralmente honorable. ¿Cómo puede un empresario en América y en todo el mundo conciliar la vocación de los negocios con sus deberes morales? ¿Qué hace un empresario para cuidar de sus vecinos, su familia y el ambiente?

Jay y yo siempre hemos pensado que la mejor manera de extender el bienestar de los seres humanos en el presente, proveer para nuestros hijos, y reducir el uso excesivo de los recursos ambientales, es estimulando la libre empresa. Jay cree firmemente que ésta es necesaria para el progreso de cualquier nación, y él ha hecho mucho para ensanchar la institución de la libre empresa en todo el mundo. Por medio de este libro, él revela algunas de las luchas y victorias del empresario en una nación en su mayoría dudosa de la pureza moral del ideal de la libre empresa.

Cualquier nación que no facilita un ambiente de trabajo amigable para los empresarios verá estancado su crecimiento y a su gente languideciendo en una economía inactiva. Los países que quitan los grilletes de los empresarios y les permiten crear riqueza verán que el bienestar de su pueblo mejora a pasos agigantados cada año. Los distribuidores de Amway, al dar inicio a su empresa independiente, no son menos emprendedores que Jay y yo cuando iniciamos Amway. En cerca de ochenta países y territorios, nuetros distribuidores funcionan como embajadores del emprendimiento. En países nada amigables con la libre empresa, ellos ayudan a mostrar los verdaderos beneficios que ésta ofrece.

Sin duda Jay ha demostrado un espíritu filántropo en nuestra ciudad natal de Grand Rapids, Michigan. Al hacer donaciones generosas y con frecuencia, Jay ha hecho de Grand Rapids un lugar mejor para todos. Dar es una tradición entre nosotros y por eso la hemos pasado a nuestros hijos. El mayor logro de Jay en la filantropía es el instituto Van Andel para la Investigación y Educación, que aportará investigaciones médicas pioneras en el Oeste de Michigan. Los avances logrados en la Medicina por medio del apoyo de Jay y Betty podrían mejorar millones de vidas, incluso las de quienes aún no han nacido.

Cualquier relato sobre la vida de Jay debe incluir gran parte de los orígenes de Amway y su crecimiento hasta ser la empresa de productos de consumo masivo de $7 billones que es en la actualidad. Pero su meta con este libro no es volver a contar la historia de Amway en el contexto de su vida, puesto que sus pensamientos y actividades han abarcado mucho más que sólo Amway. Él se siente cómodo hablando de Economía, Política, Ingeniería y estrategias de negocios, y lo hace con inteligencia, historias cautivadoras e ingenio.

Doy gracias a Dios por un socio como Jay.

### Paul Harvey, comentarista de ABC Radio News

Por medio siglo he conocido a Jay Van Andel como un gigante tranquilo, temiendo que sus emocionantes e inspiradoras experiencias nunca fueran narradas de forma adecuada.

Finalmente éstas han sido registradas y en sus propias palabras.

¡Vaya historia!

Érase una vez Jay, un estudiante que le ofreció a su compañero de clase llevarlo a la escuela todos los días en su Ford Modelo A, a cambio de veinticinco centavos a la semana para el combustible.

Ese día Jay Van Andel demostró por primera vez su agudeza como empresario.

Ese compañero de clase era Rich DeVos.

Desde esa épica amistad nació Amway.

Jay Van Andel era el confidente de varios jefes de Estado del mundo. Bien habría podido ser elegido o nombrado para cualquier cargo público de su elección.

Nadie nunca amó a su país más, pero la elección de Jay fue Amway.

En estas páginas vas a compartir el legado de su gran reserva de experiencia.

Y lo que es más importante, y más oportuno, vas a aprender que un buen empresario puede ser un empresario bueno.

Necesitamos más recordatorios sobre esto.

# INTRODUCCIÓN

Estaba justo ahí en medio de la mesa, pero no lograba alcanzarlo. Podía imaginar a mi brazo extendiéndose la corta distancia hasta el plato y luego a mi mano tomándolo, acercándolo para tomar mi cena. Pero mi cuerpo parecía flojo, lento para responder a mis deseos.

Ya no soy joven. Cuando lo era, hice equipo con otro joven y decidimos probar suerte en los negocios. Después de varios inicios en falso, unos con éxito, otros no, comenzamos una empresa en los sótanos de nuestras casas en Ada, Michigan, a pocas millas al este de Grand Rapids. Funcionó tan bien que llevó a los expertos de *Forbes* y *Fortune* a incluirnos en sus listas de las personas más ricas de América.

Como la mayoría de historias de éxito, la mía está llena de altibajos, y en este libro te hablaré de ellos. Te diré cómo intentamos dar inicio a una aerolínea con aviones que tenían la tendencia a quedarse sin gasolina. Te hablaré de cómo decidimos que el jabón era un mejor producto para vender que el pan. Te diré cómo creamos el plan que ha dado una mejor vida a los tres millones de distribuidores que venden nuestro producto en todo el mundo. Y te diré la verdad acerca de nuestras batallas con el gobierno y la prensa.

Si estás buscando aquí una varita mágica, un truco infalible que te haga millonario de la noche a la mañana, estás indagando en el lugar equivocado. De hecho, te sorprenderá saber cómo llegué a donde estoy hoy. Tiene mucho que ver con ese plato en medio de la mesa.

Así lo intentara, sencillamente no era posible alcanzarlo. La mayoría de los días los síntomas de esta frustrante condición eran menores. Pero aquel no fue uno de esos días. Muy vergonzoso, especialmente cuando viviste activa y robustamente como yo. Una de las características universales de un empresario es la habilidad para hacer de todo, y con los años he logrado ayudar a crear muchas cosas buenas. El éxito de nuestra empresa nos ha permitido a Rich y a mí construir instalaciones de investigación y fabricación que se extendieron a más de 4,2 millones de pies cuadrados en ochenta edificios diferentes. Hemos ayudado a reconstruir la zona céntrica de nuestra ciudad con un nuevo hotel, un museo, un estadio, un acuario, además de unas instalaciones médicas, y hemos patrocinado muchos eventos en los campos de la Cultura y las Bellas Artes. Menciono esto no por alardear sino para ayudar a ilustrar cuán frustrante era para mí no poder alcanzar el plato.

Afortunadamente estaba cenando con un amigo cercano quien, al ver mi lucha, sin decir palabra, se estiró y empujó el plato hacia mí. Con ese pequeño acto ilustró un profundo concepto de negocios que Rich DeVos y yo hemos practicado desde el comienzo: trabajo de equipo. Nuestra compañía no estaría donde está hoy sin la ayuda de otros. Rich y yo de alguna manera sabíamos que nos necesitábamos el uno al otro para tener éxito. De hecho, dudo que hoy existiera un Amway si alguno de los dos hubiera intentado crearla solo. Cuando iniciamos, aprendimos que compartir las oportunidades con otros que quieren tener éxito y no le temen a un poco de trabajo duro es el camino más seguro a la cima. Hemos construido una empresa de productos de consumo masivo de $7 billones con la ayuda de ciudadanos activos de cerca de ochenta naciones y territorios alrededor del mundo, ¡uno de los mejores equipos en la historia de los negocios internacionales!

Pero este libro es más que una historia de Amway. Ya se ha escrito mucho acerca del singular éxito de nuestra empresa y de quienes han disfrutado de una mayor seguridad financiera y plenitud personal por medio de ella. Aunque te relataré muchas historias que nunca has escuchado antes, éste en realidad es un libro acerca de ideas, de los principios que permiten que emprendimientos de negocios como Amway florezcan. Si todo lo que obtienes aquí son los eventos de mi vida y la historia de Amway, te habrás perdido la parte central. Para mí es menos importante que conozcas lo que hice, sino más bien que sepas por qué lo hice.

Aunque en esencia soy empresario, muchos de mis años los he invertido en actividad política de una u otra forma (algunos incluso dirían que para ser un empresario exitoso es mejor que prestes atención a la Política). He hecho amistad con príncipes y presidentes, he sufrido bastante bajo normas y regulaciones sin sentido, y he defendido los impuestos y tarifas más bajos. Por muchos años he trabajado con la Cámara de Comercio de los Estados Unidos, y por uno de esos años fui su presidente. Créeme, ¡Washington no se ve nada mejor desde adentro! Pero quejarse no logra nada, razón por la cual parte de este libro desplegará algunas de mis posiciones políticas y de cómo he procurado usar mi fortuna para respaldar esas creencias en la arena política.

También espero que al terminar este libro tengas un sentido de cómo la Economía de mercados y la moralidad encajan. El sistema de libre empresa y la moral tradicional no se oponen, son perfectamente compatibles sin importar qué digan algunos críticos. Me preocupa la imagen que algunas empresas exitosas y sus líderes están obteniendo, más por críticos de tendencia izquierdista cuya ideología se interpone en su camino de objetividad.

Aunque cualquier persona podría presentar un caso en contra de la libre empresa y el Capitalismo basado en ejemplos aislados de exceso y avaricia, el hecho es que la mayoría de empresas exitosas se apoyan en valores tradicionales como la integridad, la honestidad y la compasión, dando mucho más de lo que toman. De hecho, los efectos secundarios de las grandes fortunas son todo aquello de lo cual todos se benefician libremente.

Los gobiernos, con sus gigantescos presupuestos, nunca podrán sustituir a los individuos benefactores que trabajan arduamente. Ningún gobierno está tan en contacto con las necesidades de una comunidad como lo está un ciudadano local. Ningún gobierno tiene la flexibilidad y la sensibilidad para satisfacer aquellas necesidades que un filántropo sabio posee. Ningún gobierno puede demostrar una fe real en una ciudad o inspirar al pueblo como sí lo hace la generosidad privada. Pero aún más importante, un filántropo dona su propio dinero no el de otra persona.

Finalmente, necesito ser directo contigo acerca de la fuente de la cual obtuve mi más grande ayuda: mi relación personal con Dios. Entiendo que la religión llega a ser un tema controversial y que no todos creen lo que yo creo. Aunque no estoy para convertirte ni criticar tus propias creencias, no puedo escribir un libro honesto sin referirme a mi fe y a la forma como ésta ha formado parte crucial de cada decisión de negocios que he tomado.

De hecho, a medida que el tiempo pasa, soy más consciente de mi verdadera fuente de fortaleza. Los humanos, en especial quienes somos empresarios, nos resistimos a la dependencia, pensando que de alguna manera podemos encontrar nuestro camino, proveer para nosotros mismos y mantener un progreso sin la intervención continua de de Dios en nuestras vidas. Así me sienta independiente y autosuficiente cuando mi salud es buena, mi empresa florece, y mi familia está bien, todas estas son bendiciones de la mano de Dios. Él puede elegir que nos va a quitar algunas de Sus bondades por un tiempo para enseñarnos a amarlo y confiar en Él en medio de nuestras debilidades, porque siempre somos débiles y vulnerables, incluso cuando pensamos que todo está muy bien. Es importante recordar que es por medio de nuestra vulnerabilidad que Dios puede mostrarnos que Su fortaleza es nuestra verdadera fortaleza.

Muchos de mis amigos al enterarse de mis intenciones de escribir este libro me han preguntado acerca del mismo. Se preguntan si será una historia de Amway o un libro acerca de mis posiciones políticas o una autobiografía. O ¿será un libro sobre "cómo hacerlo"? O ¿un diario de viaje? O ¿un libro de inspiración?

De hecho es todo eso y más porque lo que realmente quería hacer era contar una historia acerca del potencial de cada ser humano lo suficientemente afortunado para vivir en libertad, dispuesto a trabajar duro, sin miedo de fallar, que le permite a Dios dirigirlo y que es lo suficientemente humilde para aceptar una mano servicial. En resumen, esa es la historia del verdadero éxito. Puede no siempre terminar con riquezas materiales, pero siempre traerá felicidad y paz interior.

# CAPÍTULO 1

# LA OPORTUNIDAD LLAMA

Todo comenzó con una quiebra.

Mi abuelo trabajaba día y noche para tratar de mantener a flote sus tres tiendas de motos y una herrería en la ciudad holandesa de Haarlem. Pero para el año 1909, renuentemente cerró sus negocios sin tener certeza de qué haría para proveer para su familia. Su hermana ya había emigrado a Chicago, y cuando supo de su situación lo impulsó a venir a la tierra de las oportunidades. Así que en 1910, a la edad de cincuenta años, mi abuelo, Christian, llevó a su esposa, Elizabeth, y sus hijos, James (mi padre) y Christian a Chicago. América le ofreció la oportunidad de mejorar la vida de sus familias a toda una generación de hombres como mi abuelo.

Habiendo llegado a los Estados Unidos Christian obtuvo un trabajo pintando vagones Pullman en una fábrica de Chicago. Las condiciones laborales pronto le dieron problemas de salud, sin embargo, y debido a esto y su poca familiaridad con el idioma inglés, Christian se volvió a la agricultura. Mi padre, James, más joven y adaptable, se sumergió en el próspero negocio de los automóviles. En 1921 abrió una distribuidora de autos en Holland, Michigan, vendiendo vehículos Gray, Chevrolet e International. Once años después se unió con John Flikkema, otro holandés y amplió la oferta con Chryslers y Plymouths. De hecho, si sales al norte de la ruta interestatal 96, verás que "Van Andel y Flikkema" todavía vende autos en la avenida Plainfield en Grand Rapids.

Papá se casó con Petronella ("Nellie") Van de Woude, de Holland Michigan, y el 3 de Junio de 1924 yo nací en su apartamento arriba de Cherry Inn en Grand Rapids (el cual todavía permanece). La mayor parte de mis recuerdos de niñez temprana se centran alrededor de nuestra casa en la Calle Dickinson cerca de la plaza Boston en la zona sudeste de Grand Rapids, a donde nuestra familia se mudó cuatro años después. Había muchas familias grandes con hijos pequeños con quienes podía jugar después de la escuela y todos los días libres excepto parte del sábado y todo el domingo. El sábado era el día de catequismo para los niños que, como yo, eran criados en la Iglesia Cristiana Reformada, una denominación bastante estricta que se remonta desde Juan Calvino. Los domingos había dos servicios eclesiales y yo debía usar ropa para la iglesia todo el día, una exigencia que impedía el deporte de futbol y otros juegos rudos durante ese santo día. Muchos de nosotros, los niños de la ICR, asistíamos a una clase de escuela dominical en el vecindario la cual era enseñada por la muy celosa señorita Goossens, en la cual aprendíamos los fundamentos de la fe reformada. Dos distintivos básicos de las iglesias reformadas son el énfasis en la soberanía de Dios y la responsabilidad del hombre para vivir fielmente según Su palabra en cada aspecto de la vida, y al recordarlo, debo reconocer que todas mis posiciones sobre Economía, Política y negocios vienen de esos dos principios de mi creencia cristiana.

Nos enseñaron que ser cristiano era más que asistir a la iglesia y a la escuela dominical. Implica vivir los valores bíblicos de la honestidad, la generosidad y el respeto hacia los demás en nuestras vidas cotidianas. Recuerdo haber encontrado una moneda de diez centavos en un callejón cerca de nuestra casa. Diez centavos era mucho dinero en aquellos días, así que le mencioné a mi madre mi descubrimiento. Ella me pidió que fuera de puerta en puerta por la calle para saber si alguien había perdido diez centavos. Parecería tonto hacer algo así, pero en los principios de los años 1930 muchas personas estaban sin empleo y diez centavos les harían falta. Para mi madre también era una oportunidad de enseñarme la importancia de respetar la propiedad de los demás. Al final resultó que no encontré a nadie que hubiera perdido los diez centavos y pude conservarlos.

Mi madre y mi padre eran creyentes devotos, así que el hogar Van Andel era dirigido según altos estándares de moralidad. Mi padre, de buena tradición holandesa, consideraba que el trabajo era un deber cristiano. Reparaba y vendía autos para proveer para su familia y darle Gloria a Dios. Nos enseñaron que incluso hasta en la forma como hacías tu trabajo demostrabas tu fe cristiana. Las exigencias de administrar su negocio en medio de una economía deprimida mantenían a mi padre lejos de casa la mayor parte del tiempo, pero con su ejemplo y su trabajo me animó a aplicar mi fe en cada área de mi vida.

Gran parte de mi personalidad y de mi filosofía de negocios viene de mi padre. A veces él podía parecer hosco o distante, pero quienes lo conocían bien lo veían como un hombre atento, dedicado a su familia y a su comunidad. Su relación con mamá fue un modelo para mi relación con mi esposa, Betty. El amor de papá y su corazón de siervo hacia ella duraron todo su matrimonio. Cuando, a finales de su vida, mi madre sufrió una enfermedad paralizante y degenerativa, mi padre demostró una verdadera virtud cristiana al ocuparse personalmente de ella. Desde luego, en ese entonces no habría podido saber cuánto necesitaba aprender de esa lección.

Mamá era descendiente de frisones holandeses y venía de una familia de nueve hijos. Su padre había ido a la quiebra en los Países Bajos, al igual que su suegro, y la familia Van Der Wounde inmigró a los Estados Unidos para comenzar de nuevo. El señor Van Der Woude se convirtió en diseñador y constructor de casas, y la joven Neille aprendió todas las habilidades del hogar que se le enseñaban a las niñas en ese entonces. Mamá era una cocinera sobresaliente. Uno de mis platos favoritos era "boercole", o repollo de granjero, que se hacía con col rizada y papas en salsa. Era la clase de comida para calentarse en las frías noches de Michigan cuando el frío penetraba hasta los huesos.

Pero mamá no era alguien que invertía todo su tiempo cocinando y en las labores de la casa. No tuvo un "trabajo" como tal, pero hacía buen uso de su energía en miles de formas diferentes. Mamá tenía su propio auto, lo cual era inusual para las mujeres en los años 1930, y eso le daba la libertad de participar en toda clase de actividades valiosas fuera de casa. Hacia parte de casi todas las actividades de la iglesia y pertenecía a muchas organizaciones comunitarias, en su mayoría de caridad. De mamá aprendí la importancia de la participación en la comunidad. Ella consideraba el servicio a los demás como un aspecto central de un servicio incluso más importante para Dios.

Desde muy temprano, en casa y en la escuela, me enseñaron que sólo el verdadero fundamento de la fe y la vida es la Palabra de Dios. Hoy este punto de vista está pasado de moda y quienes afirman creerlo son ridiculizados. "Tolerancia" es la palabra clave en estos días, pero parece haber tomado otro significado. Se nos dice que debemos tolerarlo todo, sin importar cuán extraño sea, a excepción de creer que sólo hay un camino para ser salvos del pecado. Eso, y todas las demás doctrinas tradicionales, no pueden tolerarse. A lo que los opositores a la fe religiosa en realidad apelan es a una clase de intolerancia: hacia la idea de la verdad y de nuestra responsabilidad ante Dios. Es por esto que prácticas como la oración en las escuelas, antes común, ya no son permitidas. La oración sugiere creer en ciertas verdades que no cambian.

La escuela cristiana Oakdale Christian School, en la calle Fisk, fue la alternativa a la escuela pública para los niños de nuestro vecindario. Era una buena escuela, y muchos padres se sacrificaron incluso durante los fuertes años de la Gran Depresión para proveerles a sus hijos una educación en Oakdale. Nos enseñaban la lectura tradicional, la escritura y Matemáticas usando los métodos de prueba y error de la época. También nos enseñaron a maldecir. El señor George Van Wesep, el director (y padre de Helen DeVos), de vez en cuando nos presentaba películas clásicas, teniendo cuidado de censurar cualquier parte desagradable poniendo sus manos frente al lente del proyector. Una infame línea, hablada por un oficial británico en una película acerca de la guerra para la independencia americana, se le escapó y por semanas fue la fuente de muchas burlas en Oakdale: "¡Dispérsense, malditos rebeldes!".

En Octubre de 1929, la Bolsa de Valores colapsó, hundiendo a los Estados Unidos en la Gran Depresión. Yo era muy joven para entender lo que había sucedido en ese momento, pero varios años después un banco local quebró, llevándose consigo mi pequeña cuenta de ahorros.

Después, recuperé cinco centavos por dólar, junto con una valiosa lección acerca de la naturaleza de los bancos.

El dinero era escaso durante la época de la Depresión, así que nuestro entretenimiento después de la escuela debía ser barato. En el verano, mis amigos y yo explorábamos el vecindario escalando montañas de carbón apilado en el patio de Carbón Boersman, montando en los carros de ferrocarriles vacíos de la compañía Grande Brick, o viendo trabajar a mecánicos de autos, zapateros y carniceros de pollo. El pueblo cercano Silver Creek estaba encerrado en un gran túnel de varias cuadras de largo, lo cual nos daba horas de aventuras explorando a la luz de una vela. Las calles, que casi no tenían tráfico automotor, eran lugares perfectos para jugar hockey en patines y partidos de béisbol. Marcas de tiza en el asfalto nuevo servían como bases, la única desventaja era que no podíamos hacer deslizadas espectaculares para llegar a la base a menos que quisiéramos raspar algo de piel. En raras ocasiones cuando teníamos diez centavos, podíamos disfrutar de un abundante cono de helado de East End Creamery. Las golosinas de la fuente de soda Hoxie o de la tienda de dulces de Kinsel, eran más asequibles. Una botella de soda helada (roja, verde, naranja o cola) costaba cinco centavos en la estación de gasolina de Vern. En otoño, algunos de nosotros nos reuníamos al otro lado de la calle de nuestra casa y hacíamos una fogata. Podíamos pasar horas hablando, asando malvaviscos, y fumando barba de maíz. Durante el invierno, o cuando me cansaba de divagar al aire libre, pasaba horas trabajando modelos de aviones de la ferretería de Kuizema.

Un hombre del vecindario estaba en la industria de la construcción de casas, y algunos de los niños del vecindario lo ayudábamos a construir casas en la zona. En ese entonces las paredes se construían clavando listones a los pernos y luego se aplicaba el yeso sobre los listones. Nos divertíamos mucho haciendo eso y aprendimos mucho acerca de trabajar duro y hacer trabajos de calidad. Durante el verano otros chicos y yo hacíamos algo de dinero podando céspedes.

La Depresión golpeó de cerca a nuestra familia cuando la industria de la vivienda cayó en los años treinta. Mi abuelo materno perdió su empresa de construcción y quedó devastado financieramente. Por un tiempo vino a vivir con nosotros, lo cual resultó ser una experiencia muy positiva para mí. Pude pasar mucho tiempo con mi abuelo, y el impacto que tuvo sobre mi vida es inmensurable. ¿Puedes imaginarte a tus suegros mudándose a tu casa hoy en día?

Mi abuelo fue arquitecto, constructor, carpintero y empresario mientras tuvo su empresa de construcción. Al hablarme de su trabajo y demostrarme sus habilidades trabajando la madera, me fascinó cómo se diseñaban y armaban las cosas. Años después, el interés que él encendió, me llevó a tomar cursos de Ingeniería y unirme a la Fuerza Aérea.

Lo que realmente hacía diferente a mi abuelo era su rica fe y la forma como introducía su teología tradicional en cada aspecto de su vida. Cuando mi abuelo vivió en Holland Michigan, yo iba a visitarlo y salíamos a caminar por todas partes. Muy a menudo caminábamos desde la calle 19 hasta la calle 9 en el centro del pueblo. Mi abuelo ocupaba su lugar en una banca de la plaza pública donde muchos de los hombres locales se reunían a discutir sobre Teología, todo en holandés, desde luego. Yo encontraba un lugar al lado del abuelo y escuchaba cómo ellos discutían los méritos del Creacionismo o demostraban los errores de Armenio, un teólogo que creía que Dios le dio al hombre la libertad de aceptarlo o rechazarlo. (¡Creo que todavía discuten por lo mismo en alguna parte!) Mi abuelo podía mantenerse en un debate, y se ganaba el respeto de todos los que lo escuchaban. Años después, me dijo que siempre había deseado ir a estudiar al seminario. Mi abuelo me mostró que los fundamentos teológicos de una persona siempre deberían considerarse cuidadosamente y que la verdadera fe se vive no sólo en un banco los domingos, sino en todos los otros aspectos de la vida.

## CAMBIO DE TODA UNA VIDA

Si todo esto ayudó a formar mi carácter, fue un Modelo A del año 1929 lo que formó mi carrera. En 1939 ingresé a la escuela secundaria cristiana de Grand Rapids. Vivía al otro lado del pueblo y solía ir en mi bicicleta recorriendo varias millas para llegar allá todos los días, hasta que a la edad de quince años mi padre me dio un Ford Modelo A de 1929. Mi familia era de clase media pero siempre teníamos autos para conducir porque mi padre estaba en el negocio automotor. La mayoría de los chicos de escuela no eran tan bendecidos, yo era uno de dos estudiantes de la escuela secundaria cristiana que tenían auto. Ser el propietario de un auto me hizo muy popular, como puedes imaginar. El Modelo A tenía una silla doble así que tenía espacio extra para pasajeros. La forma como podía pagar por combustible (que en aquellos días costaba diez centavos por galón) y también para ganar dinero extra era cobrando veinticinco centavos a la semana por pasajero para llevarlos a la escuela. Un día un amigo llamado Rich DeVos me pidió que lo llevara. Vivía a sólo un par de cuadras de mi casa, así que desde luego me alegró recibir su cuarto de dólar cada semana. Lo que vino después de ese simple intercambio fue más de lo que cualquiera pudiera imaginarse.

Rich y yo poco a poco llegamos a conocernos y nos hicimos buenos amigos. Salíamos en citas dobles juntos, íbamos juntos a juegos de baloncesto, nos divertíamos juntos y hablábamos acerca de lo que queríamos hacer con nuestras vidas. Rich era más sociable que yo, más extrovertido, siempre hacía un poco más de ruido. Yo era más un ratón de biblioteca, más silencioso que Rich, pero a pesar de nuestras diferencias, disfrutaba su presencia, la cual sacó lo mejor de mí. Con el tiempo encontramos que nuestras personalidades se complementaban perfectamente, así que los dos hicimos una pareja invencible en lo que fuera que nuestras mentes se propusieran. Para cuando me gradué de la secundaria en 1942, sabíamos que íbamos a ser amigos de por vida.

Atesoro una nota que Rich me envió muchos años después para la celebración de mis treinta y nueve años, la cual muestra qué amigo tan constante y fiel ha sido siempre.

*Querido Jay:*

*¡Feliz cumpleaños! Ésta es sólo una nota para decirte cuánto has significado personalmente para mí. Durante los últimos más de 25 años hemos tenido nuestras diferencias, pero siempre ha surgido algo mayor. No sé si hay una manera sencilla de decirlo, pero podría llamarse respeto mutuo. Una mejor palabra podría ser "amor".*

*Los años han sido buenos con nosotros de tantas maneras que es difícil especificar, pero las emociones y alegrías están más en el hecho de que lo hemos hecho juntos. Eso en realidad comenzó con ese viaje de 25 centavos por semana, y ha sido un hermoso recorrido desde entonces.*

*Gracias por ser lo que eres.*

*Atentamente, Rich*

Algunas personas pueden ser acusadas de comprar a sus amigos, pero supongo que se podría decir que hice lo opuesto. Otros dos amigos que viajaban en esas sillas y que se hicieron muy queridos para mí en la secundaria fueron Marv Van Dellen y John Vanderveen, con frecuencia íbamos a pescar o esquiar juntos, y con Rich, formamos un cuarteto que duró toda la secundaria, el tiempo de guerra, el matrimonio, las profesiones e incluso hasta hoy.

Cuando comencé a trabajar para mi padre no pasó mucho tiempo para que yo comenzara a buscar la ayuda de Rich de vez en cuando. Cuando yo tenía dieciséis años y Rich tenía catorce, papá nos pidió que le ayudáramos llevando dos camionetas de trabajo usadas a un cliente de Bozeman, Montana. Desde luego aprovechamos la oportunidad. Hoy, desde luego, ningún padre dedicado pediría algo así, pero los Estados Unidos de 1940 eran un lugar más seguro. Para nosotros, no podíamos imaginar una aventura más emocionante. Nos imaginamos en las llanuras del Oeste, enfrentando los diferentes retos del camino con nuestras propias fuerzas y habilidades. El prospecto apeló a nuestro profundo sentido de autoconfianza e independencia. Como la primera de muchas aventuras en las que Rich y yo nos embarcaríamos en el curso de nuestras vidas, el trabajo en equipo y el compañerismo que construimos en aquel viaje nos sirvió de mucho en los años futuros.

Tuvimos que ser muy cuidadosos con nuestras finanzas en ese viaje. En el verano de 1940 los efectos de la Gran Depresión persistían, así que hicimos todo lo posible para hacer valer cada centavo. Para evitar los costos de hospedaje dormíamos sobre heno en la parte trasera de las camionetas. No nos molestaba para nada, era una aventura, éramos hombres y podíamos soportarlo. Un caluroso día tuvimos tres llantas ponchadas al mismo tiempo (las llantas de la camioneta estaban casi lisas cuando partimos) y logramos llegar al frente de una estación de servicio en medio de la nada. Reparamos las llantas usando el equipo que habíamos llevado con nosotros y luego nos enteramos que la persona encargada de la estación de servicio quería cobrarnos cinco centavos por el aire. No podíamos permitirnos gastar nuestro dinero en aire, ni siquiera cinco centavos, así que sacamos nuestra pequeña bomba de aire y pasamos cerca de la siguiente hora bombeando las tres llantas. Creo que él pensaba que nos daríamos por vencidos y le pagaríamos los cinco centavos, pero no contaba con nuestra determinación y disposición a trabajar.

## LECCIONES EN TIEMPO DE GUERRA

Cuando me gradué de la secundaria, el mundo estaba en guerra. Las noticias Movietone en los teatros mostraban cortos de películas de soldados alemanes con cascos y poderosos tanques avanzando por toda Europa y tropas americanas abordando barcos hacia las zonas de combate. En la radio se podían escuchar los avances sobre la batalla. Las fábricas americanas estaban ensamblando tanques, aviones de guerra, armas y municiones. En cada bolso había cartillas de racionamiento, y en la entrada de la mayoría de tiendas había anuncios que hacían publicidad sobre los bonos de guerra. Muchos de mis amigos que se graduaron conmigo en esa primavera fueron obligados a tener entrenamiento militar y luego ir a servir en Europa o en el Pacífico. Ingresé a los cuerpos de reserva de la Fuerza Aérea en Calvin College, pensando que podía elegir mi rama de servicio y probablemente finalizar la universidad antes de entrar al servicio activo. Un capitán de la Armada vino a la escuela y nos dijo que si nos inscribíamos como reservistas de inmediato, se nos permitiría finalizar y tendríamos la oportunidad de ingresar a la Escuela de Entrenamiento para Oficiales. Sin mucha experiencia en la vida en ese entonces, le creí. Así que en Noviembre del año 1942 me enlisté como soldado. El siguiente mes de marzo nos embarcaron en un tren rumbo al campo de entrenamiento de San Petersburgo, Florida. Durante el recorrido, mientras tomaba el desayuno, mi bandeja comenzó a deslizarse por la mesa, lo cual fue mi primera señal de que el tren se había descarrilado. Nadie dentro del vagón en el que iba se vio seriamente lesionado, pero fue un fuerte impacto para todos nosotros.

Cuando finalmente llegamos a San Petersburgo, nos acuartelaron en tiendas sobre lo que había sido un campo de golf de un lujoso club campestre. Habían unido las instalaciones del campo sin mucho cuidado ni sentido común, y las condiciones eran muy malas. El comedor al aire libre estaba justo al lado de las letrinas, no había agua caliente, y era difícil encontrar buena atención médica, supongo que la mayoría de los médicos eran enviados a las zonas de batalla. Todos nosotros estábamos recibiendo inyecciones de todas las vacunas, pero no parecían ayudar porque de todas formas muchos nos enfermamos.

Por lo menos quinientos hombres de aquel campo desarrollaron enfermedades serias. Yo fui uno de ellos. La Armada tomó un gran hotel de San Petersburgo y lo llenó de soldados enfermos. Estuve en un improvisado hospital por un mes. Inicialmente los médicos nos diagnosticaron con sarampión, yo sabía que no lo tenía porque éste no produce severos dolores de cabeza, y casi todos lo teníamos. Después que algunos hombres empezaron a morir, los médicos decidieron que era meningitis espinal. En 1943 no había una cura efectiva para la enfermedad. Los médicos experimentaron con algunas cosas extrañas antes de encontrar las sulfamidas, la cual demostró ser muy efectiva.

Mientras tanto los ciudadanos locales se habían quejado con sus congresistas respecto de las condiciones del campo de entrenamiento en Florida. No tenía sentido para ellos, ni para mí, que la Armada hubiera tomado a miles de hombres en buenas condiciones físicas y hubiera enviado enfermos o paralizados a la mitad de ellos de vuelta a casa, después de un mes o dos en los campos de entrenamiento básico. Muchos hombres que no murieron por la enfermedad quedaron discapacitados de forma permanente. Algunos no podían caminar, otros no podían hablar, y otros quedaron llenos de enfermedades crónicas el resto de sus vidas. Doy crédito de mi completa recuperación a las fervientes oraciones de muchos en Grand Rapids.

Toda la experiencia me dio una aversión a la mayoría del cuidado médico moderno. Hasta hoy, por mi enfermedad en el campo de entrenamiento de la Armada ha sido la única vez en la que he sido internado en un hospital. Por mucho tiempo he estado interesado en métodos alternativos de sanidad y prevención de enfermedades. Desde luego, la Medicina convencional parece funcionar la mayor parte del tiempo, pero hay mucho en el cuerpo humano que no conocemos, mucho por ser descubierto. Hay que retar las teorías convencionales para permitir que las nuevas ideas funcionen. El doctor Ignaz Semmelweis, un gran médico de la Viena de los años 1840, desafió el razonamiento médico de sus días insistiéndole al personal médico que se lavara las manos con una solución esterilizante antes de atender a cada paciente. Salvó innumerables vidas humanas como consecuencia de sus persistentes esfuerzos pero murió antes que la ciencia médica aceptara sus resultados.

Cuando finalmente terminé el entrenamiento básico, fui a la escuela de visor de bombardeo en Lowry Field, en Denver, Colorado. Allí conocí de los sofisticados y súper secretos visores de bombardeo Norden, los cuales ayudarían a hacer que las redadas de día sobre Europa y Japón fueran tan devastadoras. Después de eso vino el entrenamiento para cadete de aviación en el campo Seymour Johnson, en Carolina del Norte. De allí fui a la Universidad Yale a la Escuela de Oficiales en Armamento de Aeronaves. Mi año allá cambió totalmente mi actitud hacia la vida. El curso de estudios era extremadamente riguroso y el horario era intenso. No iban a permitir que cualquiera de nosotros se saliera fácilmente porque se necesitaban oficiales desesperadamente para el esfuerzo de guerra. Me encontré trabajando más duro de lo que pensé que podría. El único lugar para estudiar después que se apagaran las luces a las 9:00 p.m. era en los baños, y algunas noches estuve allí hasta el toque de la diana a las 5:00 a.m. Hubo muchos momentos en los que pensé que no lo lograría, pero con esfuerzo insistente descubrí que podía seguir el ritmo de mis compañeros e incluso superarlos.

Todavía recuerdo el breve e impactante discurso que un General hizo en nuestra ceremonia de graduación:

> "Caballeros, ahora saldrán a la guerra y allí no hay excusa para el fracaso. No pueden decir que no lograron predecir el clima y por eso perdieron la batalla. O que no les fue posible recibir sus muni-

ciones o que sus aviones no llegaron a tiempo. Deben tener todo eso en cuenta de antemano. De cualquier manera, ganen la batalla. Si la pierden, están en riesgo de perder la guerra. Entonces no tendrán nada por lo cual venir a casa. El enemigo se tomará su tierra. En la guerra no hay excusa para el fracaso".

Después de recibir mi asignación como segundo teniente, la Fuerza Aérea me puso a trabajar entrenando tropas para los bombarderos B-17 y después para los B-29 que llegaron a tierra firme en Japón. Mientras tanto Rich también se había enlistado en la Armada y estaba estacionado con una unidad planeadora en la isla de Tinian, en el Pacífico. Nos manteníamos actualizados por medio de cartas, y una o dos veces pudimos estar en los Estados Unidos al mismo tiempo.

Volvimos a Grand Rapids y una noche después de haber salido con unas chicas, Rich entró el auto al garaje de la casa de sus padres y comenzamos a hablar. Rich dijo: "Bueno Jay, cuando todo esto termine, ¿qué vamos a hacer? ¿Volver a la universidad?" Los dos sabíamos que eso no era exactamente lo que queríamos hacer. Entre más hablábamos, más entendíamos que debíamos formar una sociedad e iniciar un negocio juntos. Como sucedería muchas veces en el futuro, todo lo que necesitábamos era saber qué tipo de empresa iniciaríamos.

Creo que te sorprenderá saber cómo despegó por primera vez el equipo Van Andel y DeVos.

# CAPÍTULO 2

# DESPEGANDO

A excepción de unos pocos y pequeños problemas con la primera empresa que Rich y yo formamos, hoy Amway habría sido una aerolínea.

Después de la Segunda Guerra Mundial los aviones estaban en furor. Muchos pensaron que cada nueva casa estaría construida cerca de una pista de aterrizaje y que habría dos aviones en cada garaje para poder transportarnos a diario e ir al trabajo en avión. Como a los dos nos gustaban los aviones, decidimos hace una empresa en torno a éstos. Nuestro amigo Jim Bosscher propuso que los tres uniéramos nuestros recursos, compráramos un avión y nos pusiéramos manos a la obra.

Rich todavía estaba en la Armada así que envió su participación de dinero para que Jim y yo pudiéramos comenzar a buscar un avión. Compramos un Piper Cub de dos plazas en Detroit por un pago inicial de $700 dólares. No sabíamos lo más mínimo sobre cómo volar un avión, así que tuvimos que contratar a un piloto para que lo llevara de Detroit a Grand Rapids. De esa forma Rich se hizo dueño de parte de un avión antes de haber tenido un carro alguna vez. La siguiente dificultad era ganar suficiente dinero para pagar totalmente y volar el avión que acabábamos de comprar.

La solución a ese problema fue abrir un servicio de vuelos. Lo llamamos Servicio Aéreo Wolverine, lo cual no era muy original en el Estado Wolverine, pero no nos importó. Dar instrucciones de vuelo era nuestro pilar, pero también ofrecíamos paseos a pasajeros, transportes a grupos, y ventas y rentas de aviones. Aún así no sabíamos cómo volar, así que contratamos a dos pilotos veteranos para que hicieran ese trabajo mientras nosotros hacíamos el trabajo en tierra. Nuestros primeros instructores fueron Jack Baas, un ex piloto de P-38 y Edward Mersman, un ex piloto de B-17. Jim, que había sido mecánico de aviones en la Fuerza Aérea durante la guerra, se encargaba del trabajo mecánico.

Contábamos con poder usar el nuevo parque aéreo de Grand Rapids en Comstock Park, el cual estaba en construcción cuando comenzamos. Cuando el proyecto del aeropuerto se quedó sin recursos, añadimos pontones a la base de nuestro avión y usamos el río Grand como pista de aterrizaje. Ésta fue una lección de improvisación para nosotros, y aprendimos un poco más durante nuestros días de servicio aéreo. A Rich le encanta relatar la historia de cómo usábamos los servicios de un gallinero como oficina. (Yo todavía insisto en que era un cuarto de herramientas, pero la versión de Rich lo hace una mejor historia).

Después de casi un año, Jim nos vendió su parte a Rich y a mí para poder volver a estudiar. Rich y yo continuamos con el servicio aéreo durante el día, pero teníamos mucho tiempo libre en las noches. En un viaje a Florida a entregar un avión se nos ocurrió abrir un restaurante con servicio a los autos, como los que habíamos visto en otra parte. Teníamos $300 para invertir, así que el 20 de Mayo de 1947 abrimos el "Restaurante Riverside" con servicio a los autos, el cual fue el primero en su clase en esa zona. Cuando comenzamos sabíamos tanto de administrar un restaurante como sabíamos de volar aviones, pero no permitimos que eso nos detuviera. Rich y yo construimos una pequeña estructura de madera en el aeropuerto, poniendo el cimiento, y clavando las tablillas nosotros mismos. Nos tomó varios meses tener la electricidad conectada adecuadamente, así que compramos un generador. Tampoco tuvimos agua por un tiempo, así que cada noche llenábamos jarras en el lugar más cercano que tenía tubería y las llevábamos al restaurante.

Teníamos servicio desde las cinco de la tarde hasta media noche. Rich y yo nos turnábamos los cargos, una noche él asaba las hamburguesas mientras yo atendía a los clientes, y la siguiente noche yo asaba mientras él atendía.

Un buen empresario nunca descansa, así que siempre estábamos tratando de pensar en otra cosa que pudiéramos ofrecerles a los clientes en el aeropuerto. En un punto, comenzamos a ofrecer paseos en bote por el río Grand. Ese fue un gran golpe, en especial cuando pusimos novedosos radio transistores en las embarcaciones para tener un viaje acompañado con música. Por medio de un acuerdo con propietarios de botes de alquiler en el lago Superior, también comenzamos a ofrecer excursiones de pesca allí. Después de sólo dos años de negocios, estábamos operando una escuela de aviación, un servicio de alquiler, un servicio de reparación y una organización de venta de aviones y combustible, así como el negocio de renta de botes y de alquiler, y el restaurante. Con doce aviones y quince pilotos, el Servicio Aéreo Wolverine era uno de los servicios aéreos principales en el estado de Michigan.

Aprendimos muchas lecciones acerca de los negocios durante todos esos años. Reconocimos el valor del trabajo duro, de la persistencia y de la improvisación. La lección número uno es que dirigir una empresa es cuestión de persistir en lugar de desistir ante una serie infinita de problemas inesperados. En ocasiones tuvimos problemas con aviones que se quedaban sin combustible; un verano los estudiantes aterrizaron los aviones en los campos veinticinco veces. Me estremezco cuando pienso en algunas de las formas creativas que tratamos con tales inconvenientes.

Un día Jack Bass estaba piloteando uno de los hidroaviones cuando se quedó sin combustible debido a unos fuertes vientos de cara. Forzado a acuatizar en un lago muy pequeño para un despegue normal, nos preguntamos cómo lograríamos volver a poner el avión en el aire. Compramos cinco galones de combustible, llenamos el hidroavión, y atamos la cola a un árbol. Jack se subió a la cabina del piloto, aceleró la máquina y me hizo cortar la cuerda con un cuchillo a su señal. Efectivamente logró despegar, sólo pasando los árboles de la orilla opuesta.

Los problemas que enfrentamos nunca terminaban, pero nosotros persistimos. Cuando el aeropuerto no abría a tiempo, cuando la electricidad o el agua no estaban en servicio a tiempo para nuestro restaurante, cuando varios de los motores de nuestros aviones se destruyeron después de usar el lubricante equivocado, cuando el granizo y el viento dañaron seriamente varios de nuestros aviones, no nos rendimos. Las nieves de invierno nos forzaron a ponerles esquís a los aviones, pero parecía que tan pronto se los poníamos, la nieve se derretía, y tan pronto los quitábamos, la nieve volvía. Pero el primer año volamos dos millones de millas de pasajeros y ganamos $50.000.

Un hombre sabio dijo una vez: "Nada en el mundo puede reemplazar la persistencia. El talento no lo hará; nada es más común que hombres sin éxito pero con talento. Los genios no lo harán; los genios sin recompensa son casi un proverbio. La sola educación no lo hará; el mundo está lleno de limosneros educados. La persistencia y la determinación solas, son omnipotentes".

La segunda lección importante que aprendimos de nuestro primer negocio fue mantenernos fuera del taller y dejar que otros hagan lo que mejor hacen. Delegar responsabilidades es esencial, incluso para algo del trabajo más importante. Cuando Rich y yo entramos al servicio aéreo, ninguno de los dos era instructor licenciado. Tuvimos que contratar a otros para que hicieran ese trabajo. Esto nos hizo mucho más exitosos que los otros cuatro servicios aéreos de la región, porque nosotros estábamos en tierra reclutando nuevos estudiantes y clientes de alquiler, mientras nuestros competidores, que también daban la instrucción estaban en el aire. Esa fue la misma razón por la cual el taller de mi padre tuvo éxito. Tenía un taller pero nunca usó su tiempo para reparar autos. Siempre estaba afuera hablando con los clientes y consiguiendo más negocios.

Muchos propietarios de empresas ignoran este principio y sufren por eso. Gastan su tiempo haciendo cosas que pueden delegar a otros y no invierten su tiempo buscando clientes, lo cual es la parte más importante de los negocios. Los distribuidores de Amway pueden caer en esa trampa, se distraen con los detalles de la contabilidad y de la estantería y el almacén, y no invierten el tiempo necesario para conseguir nuevos clientes. A veces esto se debe a la falta de conocimiento, pero a veces se debe a que el propietario de la empresa carece de disciplina o no quiere gastar tiempo reuniéndose con los clientes. Algunos sienten que necesitan microadministrar, lo cual genera empleados frustrados, clientes mal atendidos y finalmente empresas cerradas.

La lección número tres de nuestro aprendizaje en negocios fue trabajar duro, y trabajar inteligentemente cuando todos los demás estaban durmiendo o viendo televisión. Trabajar de nueve a cinco proporciona un estilo de vida promedio. Es el trabajo que se hace de cinco a media noche el que te hace avanzar en la vida. Rich y yo trabajamos duro para construir nuestro servicio aéreo. Por un tiempo los dos tomamos clases de negocios en Calvin College el cual nos quedaba cerca, así que nos turnábamos el administrar la empresa y asistir a clase. Sólo teníamos un auto para los dos, así que yo dejaba a Rich en el aeropuerto en la mañana y luego iba a la universidad. Cuando mis clases terminaban a medio día, corría al auto y salía a toda velocidad hacia el aeropuerto y Rich tomaba el auto y trataba de volver al campus para empezar sus clases a las doce y veinte. Cuando Rich terminaba, regresaba al aeropuerto y volvía al trabajo. Esto fue así por cerca de un año. Después los dos decidimos que debíamos dedicar todo nuestro tiempo a desarrollar la empresa y dejamos los estudios.

De verdad que teníamos que correr por todas partes para lograr hacer todo, en especial después que iniciamos el restaurante. A menudo trabajábamos hasta altas horas de la madrugada, luego conducíamos hacia el lago Michigan para nadar, relajarnos, tomar una siesta en la playa antes de levantarnos temprano para enfrentar otro día dirigiendo la empresa. Estábamos exhaustos pero el trabajo era gratificante.

## EL TRABAJO COMO ÉTICA

Día y noche Rich y yo trabajamos desarrollando nuestra empresa de aviones y el restaurante. Aunque eso nos agotaba físicamente, sabíamos que estábamos haciendo lo correcto al poner en la empresa todo lo que teníamos, esforzándonos por hacer que todos los días contaran. Nuestra crianza cristiana nos enseñó que el trabajo es algo bueno. Es difícil, seguro que sí, pero es parte de lo que Dios nos puso a hacer en este planeta.

Por mi herencia calvinista, aprendí que nuestro trabajo se hace en el contexto de un llamado, el cual nos asegura que, sin importar cuál sea nuestro nivel de ingresos, educación o trasfondo familiar, todos somos iguales en nuestra habilidad de glorificar a Dios en el trabajo. Al seguir ese llamado, escribe Juan Calvino: "Ninguna labor será demasiado simple o sórdida como para que no tengan valor ni esplendor ante los ojos de Dios". Así las personas que nos rodean no reconozcan ni le den honor a nuestro trabajo, Dios se complace si lo hacemos para Su Gloria.

Como el trabajo no es un fin en sí mismo, tenemos que trabajar con inteligencia para asegurarnos que lo que hacemos produzca algo de valor, algo útil o atractivo. Una de las mejores formas de saber si el fruto de nuestra labor tiene valor es tratar de venderlo en el mercado. Si no tiene valor para otro ser humano, no se venderá. Si somos personas racionales, y la mayoría lo somos, entonces cambiaremos de trabajo para producir algo que otros deseen. Esto es lo que propone el sistema de la libre empresa.

Desde luego las consideraciones éticas caen en esto. Las personas morales no deberían producir algo que evidentemente deshonre a Dios, así los demás demuestren necesidad de ello. En mi opinión, es inmoral participar en la producción de pornografía, prestar servicios de aborto, la prostitución o incluso la producción de literatura o empresas de comunicación que desacrediten la familia. Es por esta razón que creo que la libre empresa funciona mejor cuando está dirigida por los principios judeo-cristianos tradicionales.

Sin embargo, dentro del campo de la actividad de negocios legítimos, los precios que dicta el mercado son una forma maravillosa y natural de proveer para las necesidades de la sociedad. Las decisiones del empresario implican cómo proporcionar al consumidor lo que desea. Cada empresario compite con otros para proveer un mejor servicio, más rápido y con una actitud amable hacia el cliente. No hay nada inmoral en las utilidades, éstas son una recompensa por servir bien al cliente. Las utilidades también son la fuente de capital para todos los negocios. Una empresa sin utilidades con el tiempo fracasará por falta de dinero para crecer o cambiar sus instalaciones. Ser un buen empresario significa poner las necesidades de los demás antes que las tuyas: eso es ser un buen siervo. Y si lo haces lo suficientemente bien, serás recompensado por tu trabajo.

Desde luego, Rich y yo no teníamos mucho tiempo para pensar en estos conceptos mientras tratábamos de desarrollar nuestra empresa. Afortunadamente estaban entretejidos en la misma esencia de nuestras almas, gracias a padres piadosos y a años enteros asistiendo a la iglesia y a la escuela dominical.

# CAPÍTULO 3

# DIVIRTIÉNDONOS

Después de tres exitosos años desarrollando nuestra empresa de aviación, Rich y yo decidimos tomar un año de descanso y divertirnos un poco. La pensión con la que habíamos financiado muchos de nuestros estudios estaba por terminar y todavía no estábamos listos para establecernos. Necesitábamos otra gran aventura mientras seguíamos siendo jóvenes. En el invierno de 1948, los dos leímos el libro *Caribbean Cruise (Crucero por el Caribe)* escrito por el navegante Richard Bertram, y pensar en una aventura navegando nos atrajo de la misma manera como el viaje a Montana hacía ocho años atrás. Nos gustaba estar afuera por nuestra cuenta sin nada que nos retuviera. Las vacaciones que habíamos tomado un año atrás en México y Key West yendo en avión no fueron totalmente satisfactorias porque tuvimos que regresar sólo unos pocos días después para atender nuestra creciente empresa. Ahora, tendríamos la libertad de tomarnos nuestro tiempo, proceder según nuestro antojo y ver qué nos esperaba en el calor del Caribe.

Fuimos al South Norwalk, Connecticut, y vimos una goleta de treinta pies llamada *Elizabeth*. Era un bote de antes de la guerra, de diez años, y había pasado la guerra en dique seco. En ese tiempo éramos bastante ignorantes de cuestiones marítimas y no sabíamos que eso hace que el casco se seque y tenga filtraciones. En ese tiempo pensamos que *Elizabeth* sería perfecta para la clase de viaje que íbamos a hacer, así que vendimos uno de nuestros aviones y compramos el bote.

## DESDE LAS PROFUNDIDADES

Ninguno de los dos había tenido un timón nunca en sus manos así que Rich contrató a un capitán y un tripulante para que nos ayudaran a comenzar. Mientras yo volví a Michigan a cerrar el negocio del avión, Rich navegó al sur hasta Wilmington, Carolina del Norte. Desafortunadamente Rich no era un aprendiz rápido en cuanto a la navegación y mientras el capitán dormía una noche, hizo un pequeño desvío hacia un pantano de New Jersey. "Nunca antes nadie ha estado tan adentro en tierra en un bote de este tamaño", dijo asombrado un marinero guardacostas mientras remolcaba al *Elizabeth* con una cuerda. Luego los remolcó hasta Delawere Bay y dijo: "Chicos, ese es el océano. Pongan esa pequeña brújula hacia el sur y síganla hasta que sientan calor, luego giren a la derecha y estarán en Florida".

Rich dejó al *Elizabeth* en Wilmington y nos encontramos para pasar la Navidad en Grand Rapids. A comienzos de enero regresamos a Carolina del Norte y el 17 de Enero de 1949 dejamos al capitán y al tripulante e izamos velas hacia Miami. Allí equiparíamos el bote para ir al Caribe.

Al aprender a navegar un bote descubrimos que era muy parecido a iniciar una empresa. No sabíamos nada más acerca de navegar de lo que sabíamos acerca de volar cuando iniciamos el negocio de los aviones, pero de todas formas lo hicimos. Cometimos muchos errores, pero perseveramos y todos los días aprendíamos algo nuevo.

Habíamos hecho algunos planes de navegar al sur hasta Cuba, luego a República Dominicana, Puerto Rico, Venezuela y alrededor del Atlántico del continente sur americano. Rich y yo notamos en nuestro recorrido hacia Florida que el *Elizabeth* tenía muchas filtraciones. Sin embargo las bombas de achique mantenían el ritmo, así que pensamos poco en eso y seguimos avanzando. Después de una parada en Miami navegamos a Key West, luego cruzamos los estrechos de Florida hacia la Havana y finalmente llegamos al pueblo cubano de Caibarién, donde unos pescadores locales sellaron las grietas.

Alrededor de la tercera semana de marzo salimos de allí. La siguiente etapa de nuestro viaje fue una larga travesía contra el viento a lo largo de la costa norte de Cuba hacia Haití. El clima era agradable aunque había mar de proa y estaba un poco agitado. Como a las seis de la tarde del 27 Rich revisó el fondo del barco y observó que algo de agua estaba entrando. Encendió las bombas de achique y volvió a cubierta donde yo estaba durmiendo. Media hora después volvió a bajar y el agua estaba más profunda, así que me despertó y comenzamos a bombear manualmente. En ese momento teníamos un tripulante con nosotros, un cubano llamado Lázaro Hernández, pero estaba enfermo con un diente infectado así que fue de poca ayuda. El agua estaba entrando más rápido de lo que podíamos sacarla, así que encendimos el motor y usamos la manguera de enfriamiento para succionar el agua de las sentinas. Pronto se hizo claro que esto tampoco iba a funcionar.

Para ese momento estábamos muy preocupados. Estábamos como a diez millas de la orilla y a ochenta y cinco millas del puerto más cercano. Vimos un faro en el costado de las Bahamas y tratamos toda clase de combinaciones de velas para tratar de llegar allá pero luego tuvimos que volver hacia la costa cubana. Posteriormente nos dimos cuenta que estábamos en verdaderos problemas, y enviamos un SOS por nuestro radio.

Afortunadamente estábamos en una importante vía de navegación frente al ancladero de Paridon Grande en el canal de Bahamas, así que con cierta frecuencia pasaría un barco. Alrededor de la media noche aparecieron las luces de una embarcación y enviamos una bengala. El barco respondió a la señal de auxilio y nos hizo señas con clave Morse, pero no sabíamos Morse, así que sólo respondimos con SOS en nuestra luz de búsqueda. Aparentemente eso no satisfizo al capitán porque cuando el barco se había acercado como a media milla giró abruptamente. Probablemente pensó que estábamos encallados en rocas y no quería abrirle un hoyo a su carguero al tratar de rescatarnos. Dos o tres horas después avistamos otro barco, el cual se acercó a nuestro lado, justo a tiempo porque a las 2:30 a.m. una viga de proa se soltó y el agua comenzó entrar a montones.

Recuerdo que el barco era el *Adabelle Lykes*, un carguero que iba rumbo a Puerto Rico. El capitán se inclinó por la borda y nos gritó: "¿Quiénes son ustedes?"

"Somos la goleta *Elizabeth* proveniente de Michigan", dijo Rich.

"¿Qué rayos están haciendo por acá?" dijo el capitán.

"¡Hundiéndonos!" Respondió Rich.

La tripulación del *Adavelle* trató de alzar nuestro velero para sacarlo del agua y ponerlo en cubierta con uno de sus montacargas, pero se hizo imposible, estaba muy lleno de agua. Nos dieron diez minutos para reunir todo lo que pudiéramos sacar del *Elizabeth*, y pudimos salvar la mayoría de nuestra ropa, dinero y cosas personales. Luego el capitán, el señor W.H. Files, autorizó que su tripulación abordara nuestro bote y lo despojara de todo lo que pudieran antes que se hundiera. Aquellos hombres pudieron sacar más de allí de las que alguna vez pensé que hubiera. Estaba un poco avergonzado de haber permitido que tantas cosas se me hubieran pasado por alto.

El último hombre picó un gran hoyo en la cubierta y trepó por la escalera de cuerda hasta la cubierta del carguero. Luego el capitán retrocedió varios cientos de yardas, puso toda velocidad y chocó al *Elizabeth* rompiéndolo. El bote raspó el costado del *Adabelle Lykes*, hundiéndose rápidamente. Para cuando llegó a la popa del barco la punta del mástil ya se había desvanecido bajo las olas. Eso era necesario para evitar que el *Elizabeth* se convirtiera en un peligro flotante para otros barcos, pero aún así fue un momento triste para Rich y para mí. No creo que nuestro velero, boyante como lo era, en realidad se hubiera hundido bajo nosotros si el *Adabelle* no hubiera llegado, pero con todo, es un sentimiento extremadamente incómodo estar en un bote inundado en la noche, a diez millas de la orilla en 1.500 pies de agua donde hay un riesgo real de que el siguiente carguero que pase te arrolle.

Rich y yo no conocíamos mucho acerca de la vida de mar cuando salimos en nuestro viaje, pero sabíamos lo suficiente acerca de los riesgos como para tomar un seguro sobre el *Elizabeth*. Llenamos una reclamación sobre el bote cuando llegamos a Puerto Rico y le enviamos la mayoría de nuestras cosas a Fred Morgan, un amigo de Rich en New Orleans, para que las guardara. Rich y yo no veíamos ninguna razón para acortar nuestro viaje sólo porque nuestro bote se había hundido, así que decidimos continuar hacia Sur América.

Abordamos el barco carguero británico *Teakwood*, con rumbo a Caracas, Venezuela. El capitán no podía llevar pasajeros, así que nos pagó un chelín a cada uno y nos tomó como tripulantes. Él también estaba muy contento por tenernos, toda su tripulación inglesa había renunciado, dejándolo con sólo personal puertorriqueño de remplazo. Estaba tan contento de tener a alguien a bordo que hablara inglés que, después de llegar a nuestro destino, nos animó a seguir con él hasta África. Pero la comida y el agua eran muy malas, así que rechazamos la propuesta y decidimos desembarcar en Willemstad, Curasao.

Literalmente tuvimos que saltar del barco cuando llegamos a Curasao. Los oficiales de inmigración en Willemstad no permitían que los tripulantes dejaran el barco, porque a menudo la gente trataba de inmigrar ilegalmente de esa forma. Curasao es un territorio holandés, así que yo comencé a explicar nuestra situación a las personas de inmigración en su holandés nativo. Eso realmente los provocó, ellos estaban seguros que "nadie en los Estados Unidos hablaba holandés" así que debíamos ser espías comunistas. Ellos exigieron que mostráramos que teníamos los medios para comprar un tiquete para salir de Curasao, así que le mostramos al oficial los miles de dólares que teníamos en nuestros cinturones de dinero. Eso sólo confirmó sus sospechas, éramos comunistas que estábamos ahí para fomentar la insurrección y crear estragos. Sin embargo, nos dejaron salir del barco después de tomar nuestros pasaportes, y nosotros fuimos a un hotel. Allí notamos que nos seguían, así como a todas las partes a las que fuimos durante los siguientes tres o cuatro días hasta que el gobierno de Curasao obtuvo confirmación de nuestras identidades por parte del gobierno de los Estados Unidos.

## COLOMBIA EN BOTE DE RUEDAS A POPA

Los oficiales de Curasao debieron sentir alivio cuando finalmente nos fuimos. No estoy seguro si logramos convencer a alguno de ellos, pero los entendimos mejor cuando llegamos a Colombia. Desde Willemstad volamos a Caracas, Venezuela. No nos quedamos mucho tiempo en Venezuela porque la tasa de cambio no nos favorecía, así que volamos al Este, a Barranquilla, Colombia, la cual está ubicada en la desembocadura del río Magdalena, una corriente de agua importante que baña el interior colombiano más densamente poblado. Rich y yo descubrimos un viejo bote de ruedas a popa, de los mismos que solían recorrer el Mississippi, de hecho, este había sido transportado desde el Mississippi para usarlo en el Magdalena. Este bote y otros como éste eran el principal medio de transporte en el Magdalena. Tenía tres servicios, servía como carguero, para transporte de pasajeros y de transporte militar. Como en esa época no había buenas vías al interior de Colombia, si queríamos ver el país, ésa era la única forma de hacerlo. Abordamos y por U$15 obtuvimos una cabina de primera clase, la cual supongo que en 1949 era la "primera clase" según los estándares colombianos, pero no me impresionó. Sin embargo, la alternativa era dormir bajo cubierta en los entrepuentes sobre una estera.

En la cubierta de proa del barco había una pequeña manada de ganado, la cual se reducía en número, uno cada día, a medida que eran sacrificados para la alimentación de los pasajeros. Rich y yo concluimos que el carnicero seguramente era un principiante cuando encontré un trozo de carne en mi sopa que todavía tenía piel y pelo. ¡En ese viaje perdimos algo de peso! Aprendimos a buscar comida cada vez que teníamos la oportunidad de desembarcar para complementar la terrible comida a bordo. En una parada por el río encontramos piñas por cinco centavos cada una, así que compramos las que más pudimos llevar y las guardamos en nuestra cabina.

Mientras el barco seguía su camino, nosotros nos sentábamos en las sillas de cubierta a leer o ver cómo la selva verde se desenvolvía por las curvas del río. Un día mientras Rich y yo estábamos dormitando bajo el sol, nos despertaron unos gritos ansiosos que venían del lado opuesto del barco. Corrimos al otro lado de la popa justo a tiempo para ver a uno de los pasajeros deslizarse al agua de color café batiendo frenéticamente sus brazos y gritando algo en español. Un pequeño grupo de gente venía corriendo hacia nosotros a lo largo de la borda, gritándole inútilmente al pobre hombre. Le lanzaron dos salvavidas pero no lo alcanzaron antes que los rápidos de las corrientes lo arrastraran lejos de la popa. El capitán apareció y se produjo una discusión acalorada. Al parecer no iba a arriesgar todo el barco al darle la vuelta en medio de las rápidas corrientes y el angosto canal, así que dejaron al hombre para que se defendiera solo. Muy seguramente se ahogó. Ese día Rich y yo tuvimos claro que no podíamos caernos por la borda.

Una noche no había manera de navegar el río de forma segura, así que el capitán lanzó la proa del barco hacia un banco del río, lanzó un ancla por la popa y amaneció allí. La noche en la selva no se parecía a nada de lo que yo hubiera experimentado en mi vida. Los ruidos son muy diferentes. En un bote de vela, cuando cae la noche, se puede escuchar el golpeteo del agua contra el costado, el crujir y estallar de las tablas de madera en el casco, el estiramiento y encogimiento de las cuerdas del ancla, y en un barco con fugas como el *Elizabeth*, hasta se escucha el ruido de las bombas de achique. En la selva, durante la noche, en un bote de río lleno de gente, hay muchos otros sonidos. Además de los "ruidos de las personas" de la cubierta debajo de nosotros, había ruidos distantes de maquinaria debido al motor a vapor y el paso medido de uno de los guardias con botas patrullando la cubierta. Nuestra cabina se puso muy caliente en la noche, así que salíamos a caminar a cubierta y escuchábamos los graznidos, los chirridos y aullidos de toda clase de criaturas que vivían a cientos de yardas selva adentro. Sólo unas pocas de ellas llegaron al barco, más que todo los insectos. Había escarabajos por todas partes. Miles aterrizaban en la cubierta, atraídos por las luces del bote, y crujían al pisarlos cuando caminábamos.

La Colombia que vimos se estaba rompiendo ante nuestros ojos. En 1949 Colombia estaba en el segundo año de "La violencia", un sangriento conflicto que duró una década y se llevó la vida de doscientos mil colombianos. Había mucho sentimiento antiamericano en el país en ese tiempo, vimos anuncios diciendo "Yankees Go Home" y cosas así. El Comunismo estaba ganando simpatía entre muchos colombianos, y no nos sentíamos muy cómodos con nuestros pasaportes de Estados Unidos. Como había bandidos en la zona que podían tratar de retener los barcos del río durante la noche y asaltar a los pasajeros, los soldados colombianos montaban guardia en la orilla durante esa hora. Esto debería hacernos sentir más cómodos, supongo, pero de alguna manera su presencia sólo nos hacía recordar el peligro.

Parece que nosotros los americanos tenemos el hábito de hacer enemigos en países extranjeros. Aunque la cultura americana es bienvenida en todo el mundo (a veces, para nuestra bien merecida vergüenza), la influencia política o militar que ejercemos en muchas naciones a menudo no es apreciada por los ciudadanos locales. Soldados americanos son enviados a otras partes para proteger lo que los políticos de Washington ven como nuestros mejores intereses, pero la presencia militar americana incita a las personas en nuestra contra, el efecto puede perjudicarnos a nosotros mismos. A un precio muy alto para nosotros por medio de gastos más elevados en defensa, reducimos el éxito de los exportadores y fabricantes americanos en mercados extranjeros. Pero los políticos no parecen entender el poder que tienen las empresas americanas para ganar cooperación pacifica en naciones extranjeras. Como a la gente de todo el mundo le gusta los productos americanos, los empresarios americanos son mejores embajadores que los soldados americanos.

## EN LA CLANDESTINIDAD

Desde luego Rich y yo estábamos de vacaciones y esas cosas no ocupaban nuestras mentes por mucho tiempo. Seguimos navegando en el barco a vapor a lo largo del rio Magdalena hasta que se hizo muy poco profundo como para navegar y desembarcamos en un pequeño pueblo que tenía un tren que llegaba a Medellín, mejor conocida hoy en día por el comercio de drogas que se originó en esa área, pero en 1949 no hacíamos esa relación. La ciudad está asentada en un valle boscoso elevado en las montañas de los Andes. La altitud ayudó para tener un clima fresco refrescante, el cual apreciamos grandemente después del tiempo en el calor tropical. De Medellín tomamos un avión a Cali, y desde Cali abordamos un tren de trocha angosta Aeros-Euro hacia Buenaventura. El pequeño tren era casi un ferrocarril de juguete para niños. Los vagones de pasajeros tenían costados abiertos los cuales no nos parecieron de gran importancia hasta que pasamos por un túnel. Rich y yo estallamos en risas burlándonos el uno del otro cuando salimos, parecíamos mineros de carbón al final del día. El hollín de la locomotora a vapor, al no tener hacia donde ir en el túnel terminó en nuestras caras y manos.

En Buenaventura tuve que negociar en el mercado negro para obtener dinero para comprar tiquetes para la siguiente etapa de nuestro viaje, un crucero hacia el sur por la costa oeste de Sur América. Ésa fue una de mis primeras experiencias con una economía clandestina, y despertó mi interés. En muchos aspectos, las divisas son como cualquier otro bien. Las divisas tienen un "precio" así como todo lo demás, sólo que tenemos que expresar ese precio en términos de otra divisa, lo cual llamamos tasa de cambio. En todo el mundo, casi sin excepción, la producción de divisas es completamente controlada por el gobierno, que generalmente aprovecha la oportunidad que le presenta el monopolio del dinero para inflar la divisa y por lo tanto extraer valor para usarlo para sus propios intereses.

Si un gobierno desmedida y persistentemente degrada la divisa, la gente pasa a otras divisas intentando preservar el valor de sus activos monetarios. Desde luego, los funcionarios del gobierno saben que no pueden inflar la divisa a su tasa inicial si la gente sólo puede cambiar a otra divisa. Así que los funcionarios tratan de impedir que la gente haga esto estableciendo una elevada tasa de cambio artificial; en otras palabras, un "precio" elevado en divisas extranjeras expresado en divisa nacional. Sin embargo esta clase de ley es extremadamente difícil de aplicar, así que rápidamente se forma un mercado negro de divisa extranjera.

Aunque nuestro plan general era rodear el continente de América del Sur, nunca estábamos muy seguros de cuál era el siguiente paso. Parte de la aventura era nunca comprar tiquetes más allá del siguiente destino. Rich y yo enfrentamos a América del Sur como se nos presentaba, sin ajustarnos a detallados itinerarios.

## PLANEANDO PARA LA LIBERTAD

Pero no podíamos dejar nuestra "naturaleza" emprendedora. A donde quiera íbamos manteníamos abiertos los ojos en busca de oportunidades para importar artículos a los Estados Unidos. Rich y yo pasamos mucho de nuestro tiempo hablando largamente acerca de lo que haríamos cuando volviéramos a los Estados Unidos. No había duda en nuestra mente de que íbamos a iniciar de nuevo alguna clase de empresa. No estábamos seguros de qué sería, pero nos habíamos demostrado que podíamos tener éxito juntos.

El crucero que abordamos en Buenaventura era una combinación de barco carguero y de pasajeros. Hicimos muchas paradas en el camino, en Ecuador, Perú y Chile, a medida que el barco descargaba bananas y recogía caña de azúcar o algodón. Finalmente desembarcamos en Valparaíso, que es el puerto de la ciudad de Santiago, Chile. En ese momento estábamos tan cansados de viajar que decidimos quedarnos un tiempo en Santiago. Explorar el campo, montar a caballo, e ir a fiestas nos tomó casi un mes. Yo tenía algo de facilidad con los idiomas así que pude aprender suficiente español como para meterme en problemas.

Chile tiene un clima seco mediterráneo, similar al de California. Era invierno cuando estuvimos allá, así que estaba un poco frío. Santiago entonces era, y todavía lo es, una de las ciudades más cosmopolitas y desarrolladas de América del Sur. Tenía mucho sabor internacional, así como miles de residentes europeos. Sólo sentarse en uno de los muchos excelentes restaurantes en Santiago le dará al viajero una prueba de la ciudad. Recuerdo que un día Rich y yo sostuvimos una conversación en un restaurante en inglés, español y holandés. Ninguno de los dos hablaba bien español, pero los locales eran muy pacientes y amigables con nosotros. Santiago y su gente eran tan encantadores que pasamos unas semanas allá.

Después de un mes en Santiago, volamos hasta lo que sería la estación más al sur de nuestro tour por América del Sur, Buenos Aires. Argentina es famosa por su producción de carne, y recuerdo que en gran parte la comida en los restaurantes allá era carne. Incluso tenían cocteles con sangre de carne, el cual probé en mi esfuerzo por experimentar más plenamente la cultura local. Cuando iba a la mitad de la bebida decidí seguir con refrescos más tradicionales. Buenos Aires era tan hermoso como Santiago, pero el clima político ensombrecía los atractivos de la ciudad.

Argentina es un triste ejemplo de una maravillosa nación con gente hermosa y abundantes recursos, que en varias ocasiones fue puesta de rodillas debido al Socialismo. Para la época cuando estuvimos en Buenos Aires, Argentina estaba bajo la dictadura de Juan Perón. En 1949 Argentina era un Estado policiaco. Parecía haber hombres armados por todas partes, y el rampante nacionalismo se veía en las banderas argentinas hondeando desde los balcones y techos. Una vez vimos al mismo Perón dar un discurso desde el balcón de su palacio que daba a la calle. Era un recordatorio de las películas de noticias que habíamos visto en tiempos de guerra de Benito Mussolini presentándose desde un balcón similar en Roma.

Perón mantuvo el poder por once años a pesar de suprimir las libertades civiles básicas, su traición a los católicos romanos argentinos y su tonto "Peronismo" o políticas económicas. Después de salir de Argentina, el país se sumió en una prolongada decadencia económica debido al Peronismo. Para satisfacer a los agricultores y los sindicatos en Argentina, Perón había recurrido a la fijación de precios y a medidas proteccionistas. Como consecuencia, Argentina perdió su ventaja competitiva. La nación bien conocida como la casa de los gauchos, pasó de ser exportadora neta de carne a ser un importadora neta del dicho producto como consecuencia del Peronismo. Después de eso una severa inflación afectó la economía por décadas. Resultaba que la esposa de Perón, Eva, era más popular entre los argentinos; cuando ella falleció de cáncer en 1952 la tolerancia a su régimen cayó dramáticamente. Él fue exiliado en 1955, para regresar varios años antes de su muerte en 1974. Lo interesante es que un presidente posterior, un declarado peronista, fue conocido por sus políticas más bien antiperonistas. Desde que tomó la presidencia en 1989, Carlos Menen detuvo la acelerada inflación, privatizó la mayoría de las operaciones en poder del gobierno, retó a los sindicatos, y redujo las regulaciones gubernamentales sobre la economía.

Finalmente dejamos la Argentina de Juan Perón para ir a Uruguay y Brasil, volando primero a Montevideo y luego a Rio de Janeiro. Allá, en la playa de Copacabana acuñamos el nombre Ja-Ri (se pronuncia yah-re), por Jay y Rich, el cual sería el nombre de nuestras empresas a nuestro regreso a los Estados Unidos. Todavía no teníamos certeza respecto a cuál sería esa empresa, pero en ese tiempo estábamos pensando en importar.

De Río fuimos a Belém, una importante ciudad portuaria en Brasil, cerca a la desembocadura del río Amazonas. Desde Belém volamos a las Guayanas, completando nuestra ronda por América del Sur. De allí volamos a Trinidad, luego a Antigua, luego a Haití y a República Dominicana. En Haití finalmente encontramos algo que pensamos que podríamos importar con éxito. Había un mayorista que tenía una pequeña fábrica, de hecho era una hilera de chozas, donde algunos hombres y mujeres se sentaban a tallar platos y otros artículos para el hogar en caoba. Rich y yo pensamos que eso era exactamente lo que las personas en los Estados Unidos comprarían, así que hicimos arreglos con esa persona y partimos hacia Mayagüez, Cuba. Cuando finalmente llegamos a Miami en Julio de 1949, estábamos casi listos para volver a ver los Estados Unidos. Habíamos estado por fuera casi seis meses, y sabíamos que no nos iban a volver a dar ganas de viajar por un tiempo. El suelo de cada país de América del Sur había estado bajo nuestros pies, a excepción de Bolivia y Paraguay y una buena cantidad de muchas otras naciones del Caribe. Habíamos hecho ese viaje básicamente para divertirnos, pero tuvo un efecto duradero en nosotros.

Ver la forma como la gente vive en países donde el gobierno controla mucho nos enseñó la importancia de una economía libre y nunca dimos por hecho la relativa libertad de la sociedad de los Estados Unidos. América del Sur es un continente asombroso. Está lleno de una vasta riqueza mineral, millones de hectáreas de tierra cultivable y tesoros ambientales de incalculable valor. Sin embargo, en muchos países de ese continente, grandes cantidades de personas viven en la pobreza. ¿Por qué? Porque por muchos años los gobiernos de América del Sur no les han dado a sus pueblos la libertad para alcanzar su potencial. El rechazo al principio de "igualdad ante la ley" y los fuertes impuestos, virtualmente han eliminado la clase media en muchos países suramericanos. Una tradición de gobiernos corruptos y burocráticos y la opresiva carga de regulaciones gubernamentales en algunas naciones, han ahogado el crecimiento económico y mantenido a millones en la pobreza. Y finalmente, las pesadas deudas de los gobiernos ante otras naciones han puesto a temblar muchas economías.

Afortunadamente, las condiciones están mejorando y Sudamérica está emergiendo como un poder económico vibrante. Pero cuando estuvimos allá, fue muy desalentador ver tantas personas talentosas y brillantes sin ninguna oportunidad de éxito.

Salimos de este hermoso continente, ansiosos por probar otros negocios nuevamente, pero en un entorno que premiara la iniciativa. La única pregunta: ¿qué clase de empresa íbamos a iniciar?

CAPÍTULO 4

# AL ESTILO NUTRILITE

Probablemente sería un mejor relato decir que Rich y yo descubrimos una planta mágica en el Amazonas la cual se convirtió en la base para los productos de limpieza de Amway. Bueno, la planta que "descubrimos" en el Caribe fue un árbol muy común y no precisamente nos condujo a Amway. Por lo menos no directamente.

Tan pronto como Rich y yo regresamos de Sudamérica, en conjunto formamos la corporación Ja-Ri y comenzamos a importar artículos de madera hechos en caoba. Perfeccionamos nuestras habilidades de ventas con agentes de compras de tiendas por departamentos y propietarios de tiendas de regalos, redescubriendo rápidamente que viajar era mucho más fácil que ganarse la vida. La competencia era dura, y éramos jóvenes e inexpertos en esa clase de negocios. Aún así, el negocio de importación despegó y le dio sus primeras utilidades a Ja-Ri.

Creo que hay algo en el interior de los empresarios que los hace querer ser sus propios jefes. Por lo menos eso ha sido verdad conmigo. Mi madre solía decirme que cuando yo era pequeño, a veces me resistía cuando ella comenzaba a ayudarme con tareas pequeñas. "Yo lo hago" se convirtió en mi lema de la primera infancia, y desde entonces he tenido el deseo de hacer las cosas por mí mismo.

Después de comenzar la empresa de importaciones, Rich y yo no vacilamos en comenzar otras empresas que pensamos podrían arrojar ganancias. Por un tiempo administramos carros de helados en la zona de Grand Rapids, luego, junto con un amigo llamado Peter Price pasamos a comenzar una empresa de juguetes en la misma zona, la cual comenzó con la manufactura y distribución de un caballo mecedor hecho en madera sobre el cual obtuvimos patentes. Rich era el presidente, nuestro amigo Peter era el vicepresidente y yo era el secretario tesorero. En resumen la compañía fue un desastre. Los juguetes costosos y de alta calidad que estábamos tratando de vender sencillamente no eran lo que los consumidores querían en ese tiempo. La compañía de juguetes de Grand Rapids fue uno de nuestros emprendimientos que fracasó rápido y fuerte. Fue una lección costosa sobre cómo no hacerlo. Liquidamos la empresa recomprando las acciones de nuestros accionistas al precio que ellos pagaron, para que no sufrieran pérdidas.

Otro emprendimiento fue la compañía de productos Stone Mill, una empresa mayorista y minorista de productos de panadería. Antes de que lo "orgánico" fuera una tendencia, íbamos puerta tras puerta vendiendo pan natural cultivado orgánicamente junto con otros productos de panadería. Algunos de los productos que vendíamos por medio de órdenes por correo, lo cual nos enseñó que un mercado disperso se podía servir bien por medio de unas instalaciones de manufactura centralizadas. Los productos Stone Mill tuvieron un éxito moderado, y la vendimos en 1955.

En retrospectiva, todas esas empresas que Rich y yo iniciamos después de regresar de Sur América nos estaban enseñando cosas en cuanto a los negocios, que posteriormente usaríamos con Amway. La combinación entre experiencia con el servicio aéreo y los principios de la empresa Ja-Ri nos preparó para sacar lo máximo de la oportunidad de la vida.

Mientras Rich y yo deambulábamos por Sudamérica, mi primo en segundo grado Neil Maskaant persuadió a mis padres de comprar una caja de suplementos alimenticios llamada Nutrilite. Ellos comenzaron a tomar las vitaminas de forma regular y nos hablaron entusiasmadamente de ellas cuando volvimos. Por su sugerencia, hice una cita con Neil para que me hablara de los productos Nutrilite. Al comienzo, no me entusiasmó. La venta ambulante de píldoras no era el tipo de empresa para ganar mucho dinero, pensé. Sin embargo Rich y yo estábamos mirando por todas partes buscando otra empresa para añadir a la colección de Ja-Ri, así que accedí a escuchar lo que Neil tenía para ofrecer. Una noche en Agosto de 1949, mientras Rich estaba en una cita, Neil y un socio suyo vinieron desde Chicago a hacerme una presentación. Resultó que "vender píldoras" de puerta en puerta le estaba dando al primo Neil $1.000 dólares al mes, lo cual en 1949 era un muy buen ingreso. No implicaba ninguna inversión significativa y no había riesgo. Nutrilite parecía que podía ser la clase de empresa que Rich y yo estábamos buscando, así que le giré a Neil un cheque por dos cajas de Nutrilite y un kit de ventas. Le aclaré a Neil que Rich y yo estábamos juntos en los negocios y que si a Rich no le agradaba la idea de Nutrilite, él tenía que romper el cheque. Cuando Rich volvió de su cita esa noche, le mostré las cajas de Nutrilite y le expliqué el programa. Él también estaba escéptico pero cuando terminé de decirle lo que Neil había dicho, Rich ya había comprado la idea. Los reparos que algunas personas tienen al pensar en vender vitaminas desaparecen rápidamente cuando la posibilidad de ganar mucho dinero entra en la ecuación. Rich accedió a añadir el negocio de Nutrilite a los otros emprendimientos que teníamos en marcha en ese tiempo, así que nos hicimos distribuidores de Nutrilite. Nunca pudimos adivinar cuán lejos nos llevaría esta simple decisión.

Al día siguiente vendimos una caja de Nutrilite a un hombre que administraba una tienda de alimentos en Ada. Esa fue una venta muy fácil porque le agradábamos y estaba dispuesto a ayudarnos a comenzar. Sin embargo, pronto supimos que el éxito en esa empresa no se nos iba a servir en bandeja de plata. Cuando hablamos con algunos de nuestros amigos acerca del nuevo negocio, pensaron que estábamos locos. Muchas personas en esos días pensaban que las vitaminas eran un desperdicio de dinero. Por dos semanas no pudimos vender una sola caja, y nuestra distribución de Nutrilite no fue a ninguna parte. Con las ventas totalmente muertas, comenzamos a pensar que habíamos cometido un error. $1.000 dólares al mes parecía como algo imposible, al ritmo que íbamos. Comenzamos a olvidarnos de Neil y sus cajas de píldoras y nuestra atención se fijó en el interés que teníamos hacia los otros negocios que estábamos buscando.

Entonces Neil nos invitó a una reunión de distribuidores de Nutrilite en Chicago. Rich y yo fuimos en auto hasta allá pensando que si esa reunión no nos daba una razón para seguir con los productos de Nutrilite, seguramente renunciaríamos. Fue más grande de lo que esperábamos. Allí había ciento cincuenta personas que se veían respetables, todos emocionados por vender vitaminas, y muchos de ellos disfrutando de un éxito considerable en sus negocios de Nutrilite. Hablamos con algunos hombres que habían renunciado a buenos empleos para vender productos de Nutrilite de tiempo completo y ganar más dinero. Otros solamente estaban comenzando, como nosotros, pero tenían un celo por vender Nutrilite que nos avergonzaba. Los oradores en la conferencia hablaban de su éxito y compartieron estrategias para tener mejores ventas. Para Rich y para mí toda la idea de Nutrilite comenzó a verse cada vez mejor.

## PONIÉNDONOS SERIOS

En nuestro camino a casa desde Chicago, decidimos dejar todo lo demás que estábamos haciendo y ponernos serios con Nutrilite. Estábamos tan emocionados para cuando llegamos a Grand Rapids que nos detuvimos en una estación de gasolina en Hall Street y sometimos al vendedor del otro lado del mostrador a una conversación de ventas de alta energía. Él compró una caja, probablemente más como un gesto amigable que por un deseo de tener mejor nutrición.

Nuestro primer objetivo era obtener cien clientes. Un promedio de ventas era de $20 y si podíamos vender de 100 a 120 cajas al mes, nuestro porcentaje de 40% o 50% del total llegaría a $1.000 al mes, justo lo que Neil estaba ganando. Siempre había la posibilidad de que alguien se inscribiera como distribuidor, pero las ventas del producto venían primero con Nutrilite. Pusimos publicidad en periódicos semanales en todas partes y llamamos personalmente a gente que respondía a los anuncios. Aquí no hay ninguna historia secreta para el éxito, excepto las mismas ventas simples y directas de siempre.

Muy pronto tuvimos nuestra propia reunión de ventas, en el sótano de un restaurante en el aeropuerto de Grand Rapids, para organizar a quienes podían estar interesados en llegar a ser distribuidores de Nutrilite. No estábamos seguros de qué esperar, pero pensamos que con toda la publicidad que habíamos hecho podrían ser cien o más personas. En lugar de eso simplemente llegaron ocho. También había algo extraño en cuanto a ellas. Llegaron juntas y ninguna se veía muy feliz de estar ahí. Hice un pequeño discurso de bienvenida y luego presentamos una corta película acerca de la nutrición, lo cual no parecía interesarle a nadie. Después de terminar nuestra presentación, quedamos consternados al ver que no hubo preguntas. Ninguno pareció interesado en el negocio. En lugar de eso, sin mediar palabra, todos se pusieron de pie y comenzaron a salir. Rich y yo estábamos asombrados. Después de toda la planeación y preparación que hicimos para esta primera reunión, fue una gran decepción. Mientras tratábamos de imaginar qué habíamos hecho mal, comenzamos a empacar nuestras cosas y poner las mesas y las sillas nuevamente en orden. Luego la puerta se abrió y vimos entrar a uno de los ocho. "Probablemente deberían saber quiénes somos", dijo. "Somos de la organización de ventas de Nutrilite de esta zona. Vimos su anuncio en el periódico y pensamos en venir y ver qué estaban haciendo ustedes". Y sin más palabras, hizo un gesto y se marchó.

Eso fue doblemente decepcionante. No sólo nuestra publicidad había sido ineficiente, ahora sabíamos que había una competencia establecida en la zona. Sin embargo persistimos, seguimos haciendo publicidad y teniendo reuniones en el aeropuerto. Mostrábamos una película, luego dábamos una presentación de ventas, así como lo hicimos esa primera noche. Luego Rich, como ahora, hacía la mayor parte de la conversación. Yo ayudaba a contestar las preguntas y trataba de mantener en funcionamiento el irritante proyector. A esa desastrosa primera reunión la siguieron otras más exitosas y las ventas comenzaron a crecer. Construimos una pequeña organización de ventas, que durante el primer año tuvo un volumen al detalle de U$85.000.

No fue fácil. Sin embargo usamos una estrategia que parecía abrirnos las puertas. Rich y yo entregábamos un folleto titulado "Cómo mejorar y permanecer bien". En esencia éste era un libro de testimonios de personas que decían que Nutrilite les había ayudado a superar varias enfermedades, sentirse con más energía y vivir más plenamente. Cuando volvíamos a recoger el folleto, hacíamos una presentación y seguramente una venta.

Alrededor de un año después de comenzar con Nutrilite, Rich y yo, junto con otros distribuidores decidimos que nos gustaría visitar las instalaciones de Nutrilite en California, así que todos nos subimos a un par de autos y condujimos hacia el Oeste. Más que todo queríamos ver si este equipo al que nos habíamos unido tenía algo sólido de respaldo, así que nos detuvimos en una de las granjas de Nutrilite y visitamos la fábrica. En ese momento todo me pareció impresionante, aunque era una planta relativamente pequeña para la mayoría de estándares. Pero con esa visita comenzamos a ver la importancia de mantener la confianza de los distribuidores por medio de visitas a las oficinas principales.

A medida que Rich y yo ganábamos experiencia, organizamos reuniones de ventas más grandes y mejores. Muchas de ellas fueron muy exitosas. Algunos de quienes ingresaron a nuestra organización de ventas por medio de esas primeras reuniones, rápidamente desarrollaron grandes distribuciones, y nuestras ventas ganaron impulso. Pero no todas las reuniones salieron según lo planeado. En una ocasión Rich y yo organizamos una gran reunión de ventas en Lansing, Michigan. Hicimos publicidad en radio, pusimos grandes anuncios en el periódico, y entregamos plegables en las calles. El auditorio tenía doscientas sillas y con todo el esfuerzo en publicidad que habíamos hecho, comenzamos a preguntarnos si serían suficientes. Éste podría ser el comienzo de algo grande, pensamos.

Esa noche, llegaron nada más que dos personas. Fue terriblemente incómodo dar una presentación de ventas solamente a dos personas en un auditorio de doscientas sillas. Probablemente sonábamos menos que entusiasmados. Tarde, esa noche, condujimos de regreso a Grand Rapids. Desanimados, le pregunté a Rich si creía que debíamos continuar con Nutrilite. "Si no podemos hacer algo mejor que eso con toda la publicidad que hicimos, probablemente deberíamos dejar la idea". Por un momento Rich bajó la cabeza. Luego vi que en su cara surgía una mirada de feroz determinación. "¡Tonterías!" dijo. "¡No podemos renunciar sólo porque tuvimos una mala noche! ¡Sabemos que esto puede funcionar! Además, ya tenemos algunos distribuidores que parece que podrían volar la tapa de los volúmenes de las ventas que estamos haciendo ahora nosotros". Sermoneado, volqué mis pensamientos a planear nuestra siguiente reunión. Ése era el Rich optimista y tenaz que yo conocía, y no era la primera vez que él me animaba a persistir cuando parecía que las cosas comenzaban a verse un poco mal. De hecho, si estás buscando "información privilegiada" sobre cómo llegamos a tener éxito, podrías comenzar con tan sólo dos palabras: persistencia y entusiasmo.

Aunque Rich y yo éramos nuevos en la industria de la venta directa, pronto vimos que podíamos tener éxito si seguíamos unas pocas reglas sencillas. Primero, teníamos que creer en nuestro producto. Nadie va a creer que necesita lo que estás vendiendo si tú sinceramente no transmites una confianza personal de que ese producto funciona para ti. Nutrilite es efectivo, estábamos convencidos de eso. Hasta el día de hoy tomo productos Nutrilite como suplementos alimenticios y realmente creo que me ha dado gran parte de mi salud con el paso de los años. Nunca habríamos comprado la Compañía Nutrilite en 1972 si no hubiéramos tenido fe en el producto. Hoy, animamos a todos los distribuidores de Amway a usar los productos de Amway en sus hogares, porque las personas que personalmente usan y confían en esos productos están mejor capacitadas para comunicar sus beneficios a los clientes. De hecho, si conoces a alguien que venda productos de Amway pero no los usa, ¡házmelo saber!

Nuestra segunda regla fue tener la determinación para triunfar. Cada negocio tiene sus adversidades. Muchos potenciales empresarios se rinden ante la primera señal de dificultad. Renunciar la primera vez que se presente un problema no es la forma de evitar el fracaso, es una forma para asegurarlo. La paciencia será recompensada. La mayoría de las veces si la idea de la empresa es sólida, una adversidad demostrará que solamente es temporal, y las pérdidas de corto plazo resultarán en ganancias de largo plazo.

Una tercera regla del éxito que aprendimos fue la participación personal en el negocio. Teníamos que saber qué estaba sucediendo en nuestra organización de ventas a fin de tomar buenas decisiones en cuanto a los productos y las políticas. Debíamos estar en contacto con los empleados y distribuidores de Nutrilite a fin de estar informados nosotros mismos. Rich y yo comenzamos la tradición de estar en contacto con los empleados por medio de las reuniones mensuales "Exprésate". Rotando grupos de empleados de diferentes partes de la empresa, los animábamos a "expresarse" si había algún problema del que quisieran que nos ocupáramos. No sólo podíamos tener conocimiento de los problemas de la compañía, podíamos obtener algunas muy buenas ideas a raíz de estas reuniones. Hoy en día, mi hijo Steve y el hijo de Rich, Dick, siguen con esta tradición como presidente y director ejecutivo. Por décadas Rich y yo hemos mantenido contacto con nuestros mejores distribuidores por medio de reuniones a bordo del *Enterprise*, el famoso y lujoso yate de Amway. Los cruceros no sólo muestran una recompensa por grandes logros en Amway, sino que nos dan retroalimentación sobre las políticas y nuevas ideas sobre nuevos productos. Con las nuevas tecnologías, ahora más que nunca es más fácil mantenerse en contacto diario con los distribuidores, un sistema de correo de voz llamado Amvox permite que el liderazgo corporativo de Amway se comunique con cada distribuidor proporcionando noticias, ánimo y asesoría. Nos quedamos con Nutrilite porque vimos que tenía potencial. Rich y yo habíamos dejado otros emprendimientos, como la compañía de juguetes, cuando no funcionaron, y estábamos dispuestos a dejar Nutrilite si veíamos que no iba a tener éxito. Pero vimos algo único en Nutrilite que nos persuadió de que iba a funcionar, si estábamos dispuestos a hacer el trabajo que fuera necesario.

## OBJETIVO: LA PERSONA

Nutrilite tenía una estructura organizacional descentralizada que nos atrajo. En organizaciones comunes, las recompensas para las personas generalmente son limitadas por el éxito de la compañía como un todo. Es más, la creatividad individual tiende a ser suprimida dentro de una estructura organizacional centralizada. Seguro que la centralización tiene algunos beneficios. Ayuda a tener a un grupo de personas haciendo toda la producción mientras que otro grupo hace la contabilidad, otro grupo hace el diseño de productos y la investigación, y otro se encarga de los asuntos legales. Pero la centralización tiene inconvenientes definidos. El excesivo control sobre el trabajador individual realizado por docenas de gerentes y comités y vicepresidentes, no puede hacer más que aplastar la creatividad precisamente en las áreas donde es más necesaria. Los miles de personas brillantes que dejan las grandes firmas cada año para iniciar sus propias empresas conocen los sofocantes efectos de una estructura corporativa rígida. En Nutrilite cada distribuidor tenía su propia empresa, pero tenía el respaldo de una compañía que se encargaba únicamente de aquellas funciones que una organización más centralizada hace mejor. De esta manera Nutrilite logró sacar lo mejor de la creatividad humana por medio de la venta directa mientras sacaba ventaja de las economías a gran escala en investigación, producción y otras áreas. Estos beneficios se filtraron hasta llegar al cliente mediante productos de la más alta calidad y servicio personal.

La forma organizacional de Nutrilite a menudo era comparada con una pirámide. En esto en realidad no era diferente a las firmas más tradicionales. En una firma cualquiera, hay un pequeño grupo de personas bien remunerado compuesto por el presidente, el director ejecutivo, los vicepresidentes y así sucesivamente. Bajo estas personas hay un grupo más grande de gerentes, y bajo los gerentes está el grupo más grande de todos, los técnicos, los oficinistas, los operadores de computadores, las secretarias y los obreros. Dibuja eso en un papel y seguramente surgirá una pirámide muy clara. La milicia está estructurada de la misma manera. No hay nada siniestro en cuanto a la figura. De hecho Nutrilite tenía una forma más fluida en su división de mercadeo que las corporaciones tradicionales. Lo que diferenciaba a Nutrilite era el enfoque en las personas, no en los grupos de empleados. Las personas mantenían el control sobre la manera como dirigían su distribución, porque era su distribución y no la de nadie más. A diferencia de las empresas tradicionales en las cuales cada nivel tiene la habilidad de dar órdenes al nivel de abajo, la estructura de distribuidores de Nutrilite mantenía la independencia de cada persona mientras premiaba la cooperación y la emulación. También, los incentivos individuales se incrementaban cuando las recompensas coincidían con el desempeño. La movilidad hacia arriba no dependía de cuán buena era una persona para impresionar a un gerente o vicepresidente; dependía únicamente de su logro personal. Y cualquiera podía dar inicio a una distribución de Nutrilite, no había hojas de vida, entrevistas, grados universitarios, confirmación de información o experiencia previa en ventas, que fueran necesarias. Con una caja de vitaminas a un módico precio y una literatura introductoria, cualquiera podía estar en el negocio por sí solo.

Todo el que haya comenzado una empresa tradicional puede hablar de la gran cantidad de fondos necesarios para empezar a operar. Generalmente esto significa apelar a bancos, amigos y familiares, para tener capital de inversión. A veces esto funciona para el empresario, pero establecer una nueva empresa con una gran cantidad de deudas, la pone en desventaja y puede llevarla a un fracaso anticipado. El sistema de Nutrilite proporcionaba una alternativa a aquellos problemas al mantener muy bajos los costos de puesta en marcha. Si por alguna razón la distribución de Nutrilite no funcionaba, no había acreedores a quienes pagarles, no había costosos activos para liquidar, no había amenaza de quiebra. Una organización independiente se encargaba de la parte de manufactura, la cual consume mucho capital, a fin de tener esos costos por fuera de la carga de los distribuidores individuales.

Rich y yo teníamos la seguridad de que Nutrilite estaba empezando algo que podía ser extremadamente exitoso. Así que cuando las cosas empezaban a verse sombrías, nos recordábamos a nosotros mismos que el método de Nutrilite tenía sentido y nos daría resultado si trabajábamos duro y le dábamos algo de tiempo. Años después cuando iniciamos Amway, seguimos el plan de mercadeo organizacional de Nutrilite, haciéndole mejoras donde pensábamos que era necesario.

El principio de descentralización que hizo que Nutrilite funcionara, y que hace que Amway funcione hoy, se lleva a la esfera política. Hay ciertas cosas que el gobierno central puede hacer bien, como proporcionar defensa a la nación, justicia y protección contra el crimen. Pero muchas actividades se hacen mejor por medio de instituciones humanas descentralizadas como familias e iglesias locales. Cuando el gobierno centralizado trata de tomar funciones de familias, iglesias, empresas e individuos, toda la sociedad sufre. El ingenio humano y la creatividad se aplastan, y aquellas cosas que anteriormente las hacían las instituciones descentralizadas, se hacen mal o simplemente no se hacen.

Sin embargo, pronto aprenderíamos que incluso la mejor estructura y el mejor entorno no son de gran ayuda si hay problemas de integridad.

# CAPÍTULO 5

# POR QUÉ ES IMPORTANTE LA INTEGRIDAD

Aunque nuestro negocio con Nutrilite iba apenas bien, la organización Nutrilite a nivel nacional estaba teniendo grandes problemas. De hecho Nutrilite era dos empresas: Nutrilite Products, Inc., la cual fabricaba los productos, y Mytinger y Casselberry, que dirigía la organización distribuidora de la cual éramos parte. Por muchos años estas dos empresas habían trabajado juntas armoniosamente, pero a finales de los años 1950 la relación comenzó a deteriorarse.

En el centro del problema estaba un caso que la entidad Food and Drug Administration (Administración de medicinas y alimentos, FDA, por sus siglas en inglés) había abierto en contra de Nutrilite a comienzos de los años 1950, alegando promesas injustas o desmedidas sobre la eficacia del producto. Para defenderse de la FDA, Nutrilite contrató a un abogado llamado Charles Ryan.

Cuando la FDA exigía todos los registros de Nutrilite pertenecientes al caso, Charlie les respondía exigiendo todos sus registros. La FDA protestaba, reclamando que, siendo una agencia gubernamental, no tenían que proporcionar sus registros. Con el tiempo, esa disputa terminó en la Corte Suprema, en la cual se decidió a favor de Nutrilite.

Tan pronto como se tomó la decisión, la FDA decidió que quería llegar a un acuerdo con Nutrilite. En los años 1950 casi nadie sabía qué camino tomaría la industria de las vitaminas o cuánto crecería. De hecho a la población médica le preocupaba que las vitaminas, las cuales desde luego no requerían orden médica, se convirtieran en la competencia de la medicina tradicional. Las grandes firmas farmacéuticas tampoco estaban muy complacidas. Para la FDA y la industria tradicional del cuidado de la salud, Nutrilite era un pequeño inconveniente.

El resultado del caso fue una regulación por parte de la FDA en 1955 que forzó a Nutrilite a cambiar sus políticas de publicidad. Gracias a Charlie, Nutrilite todavía podía operar, pero la compañía en esencia tenía prohibido hacer afirmaciones acerca del producto y tampoco usar testimonios. Desde luego esto reducía la efectividad de las ventas. Los testimonios, como los del libro "Como mejorar y permanecer bien", habían sido la forma más efectiva de vender el producto y los ingresos comenzaron a menguar. Es difícil vender algo si no puedes decirle a la gente que funciona.

A alguien en Nutrilite se le ocurrió la idea de diversificar a cosméticos, de tal modo que si FDA lograba afectar permanentemente la parte de vitaminas de la empresa, habría otra fuente de ingresos para que las cosas siguieran funcionando. Así que Nutrilite lanzó la línea de cosméticos Edith Rehnborg y comenzó a venderlos directamente a los distribuidores en lugar de hacerlo por medio de Mytinger y Casselberry.

Entonces todo el asunto del contrato entre Mytinger y Casselberry y Nutrilite Products, Inc estalló. Mytinger y Casselberry estaba obligado a comprar todos sus productos con Nutrilite para venderlos por medio de la compañía de ventas. Esto llevó a una disputa respecto a quién realmente era el propietario de la compañía de ventas, Mytinger y Casselberry o Nutrilite Products. Nutrilite trató de atraer distribuidores a su lado, creando una fatal brecha en la organización distribuidora. Tan pronto como comenzó la pelea, las personas dejaron de vender los productos (los cuales eran más difíciles de vender debido a la reglamentación de FDA) y esperaron a ver cuál sería el resultado. El propietario de Nutrilite, Carl Rehnborg, estaba perdiendo el control de su empresa. Los gerentes que él había contratado tenían sus propias metas para Nutrilite, y comenzaron a luchar entre sí para obtener el control. Para empeorar las cosas, era necesario reducir el tamaño de la compañía, lo cual creó incluso más tensión al interior y distrajo a los directivos aún más de vender el producto. Carl, profundamente apegado a su limitada línea de productos y constantemente sufriendo de una persistente y fuerte presión, no era tan efectivo como podría haberlo sido en la solución de estos problemas. Era un visionario, tenía una fuerte orientación de empresario y tenía una muy buena idea del producto, pero lo obstaculizaban unos malos gerentes. En 1958, Mytinger y Casselberry formó un grupo de estudio de nueve personas distribuidoras para encontrar una solución a esos problemas y yo fui nombrado presidente. Disfrutamos de algún éxito resolviendo las diferencias entre Nutrilite y la organización de ventas, pero yo no tenía muchas esperanzas para el futuro de Nutrilite, la cual estaba presionando para pasar a los cosméticos y Mytinger y Casselberry estaba muy renuente a hacerlo. Mytinger y Casselberry y las directivas de Nutrilite también estaban sentando un muy mal precedente de futura cooperación. Lee Mytinger y Bill Casselberry no se la estaban llevando bien, y la segunda generación de directivos, el hijo de Mytinger y el yerno de Casselberry, tampoco se la estaban llevando bien bajo esas circunstancias. Ninguno de los Mytinger ni de los Casselberry se llevaba bien con Carl Rehnborg. Toda la situación se deterioró hasta llegar a acusaciones entre ellos. Rich y yo estábamos seguros que, así el grupo de estudio hubiera resuelto algunos de los problemas actuales, seguramente surgiría otra dificultad en el futuro con la que los directivos no iban a poder lidiar. En la raíz de los problemas había una carencia de confianza entre Nutrilite, Mytinger y Casselberry, y algunos de los distribuidores, y esto era casi imposible de solucionar. Nuestros problemas con Nutrilite no eran Carl Rehnborg en sí. Él era un gran hombre, y tuve bastante contacto con Carl incluso después que Rich y yo iniciamos Amway. Carl podía disertar sobre muchos temas de forma inteligente, la Astronomía era uno de sus temas favoritos. Era un hombre fascinante para tener cerca, y mis conversaciones con él alrededor de una cena siempre fueron edificantes. Como Rich y yo siempre respetamos su trabajo en el campo de la nutrición, Amway hace poco fundó la cátedra Carl F. Rehnborg sobre prevención de enfermedades en la Escuela de Medicina de la Universidad de Stanford. (El hijo de Carl, Sam, obtuvo su doctorado en Stanford, de ahí la conexión).

Las acciones de Nutrilite nos enseñaron a Rich y a mí la importancia de la confianza mutua al hacer negocios. Las directivas habían violado unos principios muy básicos, y al hacerlo habían aislado a sus distribuidores. En cualquier empresa de mercadeo multinivel es importante mantener lineamientos claros de patrocinio. Es decir, si Ed le presenta a Joe la oportunidad de negocios, o patrocina a Joe, entonces Joe no puede ir a comprar sus productos con otro distribuidor. Esta regla evita que los distribuidores traten de robarle organizaciones de ventas y mercados a otros distribuidores, y asegura que quienes salen y hacen el patrocinio, reciban las recompensas por su esfuerzo. Nutrilite comenzó a violar los límites del patrocinio por todas partes, posteriormente el problema se volvió tan serio que Rich y yo comenzamos a buscar una manera de proteger a los distribuidores que estaban debajo de nosotros. La confianza es algo frágil, como porcelana china. Déjala caer, y se romperá. El pegamento la puede volver a unir, pero las gritas siempre se verán. Quebranta la confianza de alguien y siempre estará renuente a confiar en ti la próxima vez.

En cierto punto del proceso de arbitramento entre Nutrilite y sus distribuidores, Carl me ofreció la posición de presidente de Nutrilite. Fue una oferta tentadora. El empleo me había pagado mucho más de lo que estaba haciendo como distribuidor de Nutrilite, pero rechacé la oferta. Justo delante de mí había un futuro estable y seguro además de la oportunidad de intentar algunos cambios reales en Nutrilite. La tarea no era más grande que yo, al ayudar a solucionar la disputa entre los directivos de Nutrilite y Mytinger y Casselberry, creo que había demostrado algún grado de capacidad en una posición de liderazgo. Pero la pérdida de mi independencia era demasiado para aceptarla. Para Rich y para mí era importante ser independientes, trazar nuestros propios cursos y tomar decisiones que realmente fueran nuestras. Incluso en una posición de alto nivel en Nutrilite, yo sería un empleado, limitado a mi habilidad de hacer lo que pensaba que era mejor y a la merced de las decisiones de otra persona. Rich y yo también consideramos el impacto que mi nuevo empleo podría tener sobre nuestra amistad y nuestra sociedad. Si yo fuera a ser el presidente de Nutrilite, podríamos preservar algunos aspectos de nuestra sociedad. Rich podría ingresar a las directivas de Nutrilite como jefe de operaciones, o en alguna otra división. Pero sin duda algunas cosas habrían cambiado, y no del todo de una manera que preferiríamos.

## BASES DE LA ÉTICA DE NEGOCIOS

Desde el mismo comienzo de nuestro trabajo con Nutrilite, Rich y yo buscamos dirigir nuestra organización de ventas de acuerdo con los principios bíblicos de integridad, fidelidad y veracidad. Cuando iniciamos Amway, conservamos los mismos estándares éticos. Al saber que dependíamos de Dios para tener la habilidad de hacer lo que es correcto, cubríamos nuestras actividades por medio de la oración en privado. Todas nuestras reuniones corporativas las iniciábamos con oración, y Rich y yo en silencio orábamos todo el tiempo. Creemos que eso fue efectivo. Sin la gracia de Dios, Amway nunca habría tenido éxito.

Una empresa sin integridad, será castigada en el mercado. Si los productos de una empresa no cumplen con lo que promete su publicidad, o si la calidad de un producto no es consistente, las empresas perderán sus clientes ante sus competidores. Los empleados habilidosos, frustrados con las políticas internas, se van hacia otros empleos. Además, una empresa conocida por su integridad se verá recompensada por una mayor demanda de sus productos y por mayor lealtad por parte de sus clientes y empleados.

La confianza es un gran beneficio secundario de la integridad. Si puedes creerle a alguien, puedes confiar en esa persona, y eso probablemente es lo que nos ayudo a Rich y a mí a establecer las políticas que hemos tenido respecto a las decisiones de negocios. Por otro lado, nunca procedimos en cualquier dirección nueva a menos que los dos estuviéramos de acuerdo. De tal manera, como confiábamos mucho el uno en el otro, acordamos que cuando uno de los dos estaba ausente, el otro estaba a cargo. Por completo.

Por ejemplo, un año yo estaba próximo a ausentarme por un mes de vacaciones. Estábamos planeando una nueva cafetería para nuestros empleados, y antes de salir de vacaciones le expliqué al contratista Dan Vos cómo debía construirse la cafetería. Luego partí para mis vacaciones, y Dan comenzó el trabajo en la cafetería, sólo para encontrarse con Rich, quien quería algunos cambios sustanciales en los planos. Dan protestó mencionándole a Rich que mis órdenes habían sido diferentes. "Dan, eso no significa nada," dijo Rich. "Jay no está acá ahora y nuestra política es que cuando uno de los dos está ausente, el otro es el jefe. ¡Así que hazlo de esta manera!" Dan quedó desconcertado por el repentino cambio de planes, pero Rich sabía que yo aceptaría sus cambios, no importa cuáles fueran. Yo confiaba que Rich haría uso de su propio juicio, así como él confía en mí, y Rich sabía que yo nunca lo criticaría por hacer lo que pensaba que era correcto durante mi ausencia. A Dan nunca se le pidió que cambiara la cafetería a las especificaciones originales, y nadie nunca nos escuchó discutir al respecto. Como nuestra sociedad tenía integridad, confiábamos el uno en el otro para siempre proceder según los mejores intereses de la compañía.

Sin embargo, en ese punto de nuestra relación con Nutrilite, nuestra fe en el negocio estaba en dudas. Sabíamos muy poco que estaba por empeorar, forzándonos a Rich y a mí a tomar una decisión importante que nos cambiaría la vida a los dos.

## CAPÍTULO 6

# DANDO EL SALTO

Para 1958, Rich y yo habíamos construido una organización de ventas fuerte y saludable con los productos Nutrilite, pero nuestros cinco mil distribuidores estaban enfadados. Las luchas internas entre los directivos de Nutrilite comenzó a causar estragos, y la moral y las ventas comenzaron a disminuir. Las regulaciones de FDA también estaban teniendo un serio efecto y la tensión aumentó. Algunos de nuestros distribuidores incluso estaban hablando de dejar Nutrilite del todo. Todos nosotros habíamos hecho inversiones considerables de tiempo y energía en Nutrilite, y entre los directivos de Nutrilite y el gobierno federal, esa inversión se veía amenazada con una destrucción total. Había que hacer algo, y rápido.

Las ventas de la organización Ja-Ri se podían salvar, pensamos, si reducíamos nuestra dependencia en los productos Nutrilite. Dejar del todo las ventas de la vitamina Nutrilite estaba fuera de consideración. Pero si podíamos lograr que nuestros distribuidores expandieran sus ofertas, el fracaso de los directivos de Nutrilite no destruiría la organización de ventas. Ésta no sería una tarea fácil. Muchos distribuidores de Nutrilite eran tan leales a ese producto que nos preguntábamos si venderían alguna otra cosa. Debíamos estructurar muy cuidadosamente nuestra diversificación, asegurándonos que los tiempos y los productos nuevos fueran los correctos. Rich y yo éramos muy conscientes que uno de los riesgos, era probable que ninguno de los distribuidores del suplemento alimenticio Nutrilite quisiera cambiar algo en lo absoluto. Teníamos que atraparlos doblando la esquina, tan disgustados con las directivas de Nutrilite que estuvieran listos para transferir su lealtad, pero no tan disgustados que no fueran a hacer ninguna venta en lo absoluto.

En el verano de 1958 tuvimos una reunión con nuestros distribuidores más importantes en Charlevoix, Michigan. Ahí anunciamos nuestros planes de cortar nuestra dependencia de Nutrilite desarrollando una nueva línea de productos. "Ustedes han puesto muchas y largas horas desarrollando un negocio alrededor del suplemento alimenticio Nutrilite", les dijimos, "pero la gerencia allá ha hecho algunos movimientos que han afectado su confianza en ellos. Creemos que pueden usar su organización para vender otros productos además de Nutrilite. Les proporcionaremos una gerencia que mejorará las oportunidades de negocios desarrolladas en Nutrilite y les permitirán obtener utilidades significativas por la inversión de tiempo y energía que han puesto en su negocio de Nutrilite.

En nuestra organización de ventas no podíamos forzar a nadie a ir con nosotros. Los distribuidores de Nutrilite eran independientes, así como hoy lo son los de Amway. Así que le dimos a cada persona en nuestro grupo la oportunidad de permanecer con nosotros o seguir tratando únicamente con Nutrilite. Ésta fue una verdadera prueba para Rich y para mí porque su decisión dependía de si ellos confiaban en nuestro juicio y liderazgo. Si ellos decidían no ir con nosotros, para nosotros era volver a empezar. Afortunadamente todos los asistentes a esa reunión en Charlevoix decidieron cambiar de dirección con nosotros. Ésas personas leales formarían el núcleo de nuestra nueva empresa de ventas directas.

La información se esparció rápidamente, y no pasó mucho tiempo antes que los distribuidores de Nutrilite de otras organizaciones de ventas quisieran unirse a nosotros. Al comienzo nos rehusamos a admitirlos porque no queríamos afectar a Nutrilite y llevarnos su fuerza de ventas en un momento en el que estaban débiles. Finalmente, después de muchos años, permitimos que personas de otros grupos de ventas de Nutrilite se nos unieran, pero conservamos intactas sus líneas de patrocinio.

## QUÉ VENDER

Rich y yo pensamos mucho en qué tipo de línea de productos añadir. Lo que fuera, debía ser algo que todos pudieran vender. Una venta de Nutrilite requería una hora de presentación para convencer al comprador potencial de que necesitaba suplementos alimenticios. Nuestra nueva línea de productos debía ser algo que todos supieran que necesitaban. Recordando la devastadora confrontación de Nutrilite con el gobierno federal, decidimos que también debíamos pensar en algo que no fuera altamente regulado. Hoy sería difícil presionar para encontrar un sólo producto que satisficiera esos criterios, pero a finales de los años 1950, todavía había algunos productos relativamente sin tocar por parte de la regulación federal o estatal.

Elegimos productos de limpieza, y por lo tanto en las cuatro décadas han demostrado ser una buena elección. Para bien o para mal, Amway hoy es identificado más con jabón que con cualquier otro producto que vendamos. Al elegir algo que era fácil de vender, hicimos algo innovador en las ventas directas. Hasta el día de hoy, Amway ha seguido el principio de hacer productos de mercadeo que tengan una amplia aceptación y se vendan con un mínimo esfuerzo.

Nuestro primer producto fue un limpiador concentrado biodegradable llamado Frisk, el cual posteriormente se convirtió en nuestro Líquido Orgánico Concentrado, o Limpiador LOC para todo uso. Habíamos visto los problemas que podían presentarse cuando dependíamos de un fabricante externo, así que una de nuestras primeras metas fue fabricar nosotros mismos nuestros productos. Aunque era impráctico para una empresa en sus comienzos, nos convencimos más de su importancia cuando uno de nuestros primeros proveedores nos falló. Como reemplazo, a comienzos de los años 1960, comenzamos a comprarle nuestro limpiador líquido a Ateo Manufacturing Co., de Detroit. Para asegurarnos de que podíamos depender de este nuevo proveedor, compramos un 50% de acciones de la compañía. Como propietarios de la mitad de ella, podíamos persuadir a Atco de cambiar su nombre a "Amway Manufacturing Corporation" y mudarse a Ada posteriormente ese año. Ahora, si visitas las oficinas principales de Amway a nivel mundial en Ada, Michigan, puedes ver nuestro enorme complejo de oficinas y fábricas a lo largo de la "Milla de Amway" en M-21, donde hoy se fabrican muchos de los productos de Amway.

La piedra angular de nuestro nuevo emprendimiento fue el plan de ventas y mercadeo, el cual llego a ser conocido cariñosamente como "El plan", dentro de los círculos de Amway. En general el plan estaba basado en la estructura de Nutrilite, pero hicimos varias modificaciones importantes para evitar los problemas que Nutrilite había desarrollado y para mejorar los incentivos individuales. Rich y yo tendimos un gran pliego de papel de manualidades sobre el piso de mi cocina y comenzamos a encontrar la manera en que podíamos dar recompensas financieras directamente a los trabajadores más esforzados. Cada propietario de negocio, en el plan de ventas y mercadeo, tiene el incentivo de vender productos y construir una organización de ventas por su cuenta que venderá aún más productos. Entre más vende una persona, más gana, y entre más vende la organización de esa persona, más gana. Nadie gana nada a menos que se vendan productos.

Cuando llevamos nuestra organización de ventas de Nutrilite a Amway, conservamos todas las líneas de patrocinio para que ninguno de nuestros distribuidores perdiera su posición en la transición. Incluso pusimos a Neil Maaskant, mi primo, quien nos había presentado a Nutrilite, por encima de Ja-Ri, en la nueva organización. Sencillamente era justo hacerlo, Neil nos había introducido al negocio y, como lo veíamos, tenía derecho en parte de las utilidades mientras nosotros estuviéramos vendiendo Nutrilite. Neil y su esposa fallecieron hace unos años, pero sus herederos siguen recibiendo ingresos por sus intereses en el negocio.

En nuestros esfuerzos por mover dinero de forma automática hacia el trabajador, el plan que encontramos se hizo inevitablemente complejo. A medida que Amway prosperó, se hizo imposible para los empleados de Amway con calculadoras seguir el rastro de todas las personas y grupos de ventas. Hoy, gigantescos computadores en las oficinas principales de Amway, operan las veinticuatro horas al día, calculando las ventas de cada producto y el volumen de ventas de cada grupo, e imprimiendo cheques de bonos para más de dos millones de distribuidores de Amway en todo el mundo. Después de todos estos años el plan no ha cambiado, aunque hemos tenido que añadir muchos niveles a la cima para los distribuidores que han logrado ventas por encima de nuestras predicciones.

Lo fundamental para el plan de ventas y mercadeo de Amway fue la importancia de la línea de patrocinio. La amarga experiencia que tuvimos con Nutrilite había creado una poderosa impresión en Rich y yo, y nos aseguramos de que las líneas de patrocinio estuvieran bien protegidas. Con los años hemos dedicado mucho esfuerzo para mantenerlo así. Los distribuidores de Amway lo han apreciado, creo. Ellos saben que su duro trabajo vale la pena porque Amway no les va a traicionar la confianza. Años después de comenzar Amway, compramos una cantidad controladora de las acciones de Nutrilite por U$22 millones. Esto nos permitió vender sus suplementos alimenticios de alta calidad sin perder esa medida de control que consideramos tan esencial en 1959, y le dio a los distribuidores de Nutrilite la opción de vender toda la línea de productos Amway.

Los comienzos de Amway fueron modestos. En Abril de 1959 la "Asociación American Way" comenzó como una nueva división de Ja-Ri en los sótanos de nuestras dos casas de Windy Hill en Ada. Mi sótano era la oficina, y el de Rich era la bodega. Para ahorrar dinero, compartíamos una línea telefónica y usábamos un zumbador para avisarnos que tomáramos el teléfono. Pasé muchas horas ese año en mi sótano, escribiendo manuales de ventas, los copiaba en el mimeógrafo y los unía sobre la mesa de pin pon.

Nuestras esposas no estaban tan convencidas como nosotros de nuestras posibilidades de éxito, pero ayudaron activamente desde el comienzo. También desde el comienzo estuvieron con nosotros Walter y Evelyn Bass, Fred y Bernice Hanse, Joe y Heleyn Victor, George y Eleanor Tietsma, y Jere Dutt, entre otros. Nuestra primera empleada fue Jay Evans, una secretaria de tiempo parcial. A medida que la empresa creció ese año, rápidamente entendimos que íbamos a necesitar una nueva estructura corporativa y un nombre más atractivo y fácil de recordar. Así que en Noviembre de 1959, formamos la Corporación Amway Safes para producir e inventar productos, para venderlos y distribuirlos, y para administrar el plan de ventas y mercadeo. Para administrar la seguridad del grupo y otros beneficios para la organización distribuidora, también formamos la Corporación Servicios Amway.

Cualquier hombre de negocios te diría que los primeros tres años de inicio de una empresa son los más exigentes. En nuestro caso, estábamos comenzando con el beneficio de una organización de ventas intacta por vender Nutrilite. Rich y yo habíamos tenido experiencia estableciendo empresas, lo cual resultó ser invaluable cuando establecimos Amway. Trajimos a la memoria todos nuestros éxitos y fracasos pasados, los días de los Servicios Aéreos Wolverine, el restaurante con servicio a los autos, los Productos Stone Mill, la compañía de juguetes de Grand Rapids, y más recientemente, Nutrilite. No sabíamos si esta nueva empresa sería un éxito como los servicios aéreos o un fracaso como la empresa de juguetes. La industria de venta directa era inmadura en los años 1950, y no había un camino trazado respecto a este tipo de empresas. Fuimos pioneros, en cierto sentido, y el aprendizaje debía hacerse por medio de prueba y error. Desde el comienzo hicimos muchos cambios, tratando esto y aquello para ver qué funcionaba mejor.

Con el tiempo, surgió la pregunta de los títulos, y lo manejamos con nuestra usual manera programática: tomamos turnos. Un año Rich sería el presidente y yo el director ejecutivo, y el siguiente año yo sería el presidente y Rich el director ejecutivo. Esto funcionó por unos años hasta que nuestros abogados nos dijeron que debíamos decidir de una vez por todas, esas eran cuestiones que complicaban las cosas innecesariamente. Así que Rich y yo hablamos al respecto por un par de minutos, y finalmente Rich dijo: "Jay, tú eres el mayor, así que sé tú el presidente".

## EXPERIENCIA PRÁCTICA

Desde el comienzo experimentamos con muchos productos. LOC, o Líquido Orgánico Concentrado, fue nuestro pilar por un tiempo, pero diversificamos lo más pronto que pudimos. Nuestro detergente de ropa, SA-8, fue una adición desde el comienzo y duradera para nuestra línea de productos. Poco después, añadimos utensilios de cocina y equipos de purificación de agua. Otros emprendimientos no fueron tan exitosos. Incluso vendimos refugios antibombas y generadores eléctricos, lo cual sólo tiene sentido si hubieras estado en medio de los tensos años de la Guerra Fría. Nunca vendimos muchos de esos, probablemente porque nuestro plan de ventas y mercadeo no estaba bien ajustado en ese tiempo para productos que requerían conocimientos de instalación y mantenimiento.

Rich y yo también nos pusimos manos a la obra con el desarrollo de nuevos productos. Tan pronto empezamos a probar diferentes fórmulas para una cera para autos, usamos uno de mis autos como laboratorio. Rich y yo llevamos varias botellas a la entrada de mi garaje y enceramos las diferentes cremas en varios puntos de mi auto. La que brilló más y repelió la suciedad por más tiempo se convirtió en nuestra famosa Silicone Glaze. ¡Pero mi auto nunca volvió a verse igual después de esos experimentos que hicimos sobre él!

A propósito, ensuciarte las manos parece ser un ingrediente clave en la vida de empresario. El libro de George Gilder, *The Spirit of Enterprise (El espíritu de empresario)*, cuenta la historia de Thomas J. Fatjo, quien ingresó al negocio de la recolección de basuras en una manera práctica a mediados de los años 1960. Con la seguridad que el negocio de la disposición de desechos sólidos estaba por despegar, compró un camión de basura y comenzó a llevarlo puerta tras puerta en Houston, Texas. Una mañana el compactador se averió cuando le faltaban aún setenta casas más por recorrer. Fatjo no estaba dispuesto a dejar sin servicio a sus clientes, así que saltó dentro del camión y empezó a compactar la basura con sus propios pies. Con basura hasta las axilas, Fatjo probablemente se preguntaba si valía la pena seguir con ese negocio. Pero persistió hasta crear las Industrias Browning-Ferris, la firma más grande del mundo para la disposición de desechos sólidos. Catorce años después de su increíble batalla con el compactador de basuras, le compañía de Fatjo tenía medio billón de dólares de ingresos y estaba inscrita en la Bolsa de Valores de New York. Hoy Fatjo le da crédito a su experiencia práctica en el negocio de la recolección de basuras con el sorprendente crecimiento de Browning-Ferris.

Pronto conocimos algunas personas que han permanecido con nosotros y por décadas han participado en nuestro crecimiento. Uno de ellos fue Wally Buttrick, quien siendo un estudiante de diecisiete años en la escuela secundaria Lowell, ganaba dinero podando céspedes en Ada. Impresionado por el vigoroso esfuerzo que ponía al podar el césped, le ofrecí un empleo como operador de mimeógrafo. Él tomó ese empleó con toda la energía que tenía, y pronto lo teníamos haciendo toda clase de trabajo de oficina a medida que le empresa se expandía.

Poco después Wally se graduó de secundaria y tomó clases de preparatoria en la universidad, pero todo iba tan bien en Amway que él decidió no ingresar a la universidad. A medida que Amway crecía y prosperaba, pusimos a Wally a cargo del nuevo taller de impresión el cual él dirigió hasta 1963. En ese punto lo nombramos gerente de coordinación de campo y le dimos una responsabilidad adicional. Al año siguiente, a la edad de veintiún años, Wally tenía a quince personas bajo su cargo. Poco después, lo ascendimos nuevamente como director de un departamento importante.

Desde adentro de Amway, Wally veía distribuidores alcanzar altos niveles de logro y hacerse ricos. Después de casi nueve años trabajando como empleado de Amway, decidió que quería un poco de acción así que se hizo distribuidor. Wally, siendo la persona trabajadora que era, pronto hizo de eso un negocio muy exitoso y renunció a su trabajo en Amway. Aunque estábamos complacidos por su éxito como distribuidor, lamentamos perder un empleado tan maravilloso. La partida de Wally generó lo que se llegó a conocer la "Regla Wally Buttrick" que evitaba que los empleados de Amway se hicieran distribuidores. Esa norma ahora se ha eliminado, pero fue una parte única de la historia de Amway.

Además de todas las personas que ayudaron a hacer de Amway lo que es hoy, muchas empresas fueron indispensables durante esos primeros años. Amway nunca habría sobrevivido sino hubiera sido por la ayuda del Banco Nacional de Michigan y la paciencia de Monsanto Chemical. A todas luces, no éramos un buen riesgo de crédito en 1959, ni por muchos años después de eso. El Banco Nacional de Michigan nos prestó cuando ningún otro banco lo habría hecho. Monsanto Chemical, un gran proveedor desde el comienzo, nos mantuvo como clientes cuando otros proveedores habrían perdido su paciencia. Recuerdo una visita del gerente de ventas regional de Monsanto un día justo uno o dos años después de que Amway comenzó. Le hablamos de nuestro pequeño progreso, nuestras esperanzas para el futuro, y de nuestra carencia de liquidez. Pero él debió haber pensado que podíamos lograrlo, porque accedió a vendernos todo lo que necesitábamos, dándonos unos generosos sesenta días a partir de la entrega para pagar.

Por varios años no tuvimos buenas condiciones financieras, así que vacilábamos en darle a Monsanto detalles completos de nuestra situación. En una ocasión, después de todo un año de no haberle dado a Monsanto un estado de resultados, su gerente de crédito vino a vernos. Después de ejercer un poco de presión, le mostramos nuestro estado de resultados. Mostraba un patrimonio neto de $10.000. En ese tiempo, le debíamos a Monsanto cerca de $60.000. Varios años después, cuando Amway estaba en un estado mucho mejor, ése mismo hombre vino a Ada a darnos un premio por comprar más de un millón de libras de materias primas a Monsanto en el transcurso de un mes. En esa ocasión nos preguntó si recordábamos el día que le dimos ese primer informe de resultados. "Cuando vi cuál era su patrimonio neto", dijo, "y pensé en lo que nos debían, ¡nunca pensé que vería este día!" Para Monsanto, la paciencia con un nuevo cliente en dificultades valió la pena cuando obtuvimos nuestro equilibrio. Para Amway, esa paciencia significaba la diferencia entre sobrevivir y cerrar operaciones. Hasta hoy Amway ha hecho negocios con Monsanto y el Banco Nacional de Michigan, porque la lealtad a los viejos amigos es algo en lo que todavía creo.

Anteriormente mencioné a otro compañero de negocios que estuvo desde el comienzo, el contratista Dan Vos. En 1960 estábamos pensando en mudar Amway a una estación de gasolina abandonada de cuarenta por sesenta pies en Ada, y Rich estaba afuera mirándola (¡y seguramente tratando de saber dónde se haría la siguiente ampliación!). Cuando Dan pasó en una de las camionetas de su empresa, Rich vio el letrero de Vos Construction en el costado y le hizo señales para que se detuviera. Los dos empezaron a hablar, y Rich le pidió a Dan que instalara una puerta para el baño y construyera una estantería adicional en el viejo edificio. Era un trabajo menor, uno con que la mayoría de contratistas no se habría molestado, pero esa tarde Dan envió a dos hombres con un camión para que hicieran el trabajo. Poco sabía Dan que ese pequeño trabajo lo llevaría a decenas de millones de dólares de trabajo de construcción durante las siguientes cuatro décadas. A ese primer trabajo lo siguieron otros trabajos, todos cada vez más grandes, y cada uno hecho con un apretón de manos y una promesa. Primero fue la ampliación de cuarenta por sesenta pies a la parte trasera del edificio, doblando el tamaño de las nuevas instalaciones de Amway. Muy poco después Dan construyó otra ampliación que de nuevo dobló el tamaño. Sólo unas pocas semanas después que Dan Vos construyó esos estantes en la vieja estación de gasolina, edificó para nosotros unas instalaciones de manufactura de 5.600 pies cuadrados. Al año siguiente le dimos seis nuevos proyectos de construcción. Para finales de 1964, Dan había construido cuatro nuevas bodegas, un edificio de oficinas de veinte mil pies cuadrados, un área de tanques, un grupo de silos de almacenaje, y ocho o diez ampliaciones a los edificios existentes.

A medida que Amway seguía creciendo, nosotros continuábamos valiéndonos de los talentos de Dan Vos. Nunca habría podido haber un mejor programa de construcción eficiente, todo se construyó basado en confianza mutua. Hoy la planta física de Amway y las instalaciones de oficina suman un total de 4,2 millones de pies cuadrados, divididos entre ochenta edificios independientes. Casi todo eso ha sido construido por Vos Construction, casi todo sin contratos formales ni abogados. La fidelidad va en doble vía. Nunca hemos tenido mayores problemas con el trabajo de Dan Vos. Dan comparte con Rich y conmigo la convicción de que los hombres de negocios deberían hacer bien su trabajo, haciéndolo todo para la Gloria de Dios. Hay muchas formas en las que un hombre de negocios puede glorificar a Dios por medio de su trabajo, para Dan Vos, parte de eso era manteniendo sus promesas y haciendo trabajos de calidad. Dan también tenía un compromiso con iglesias locales. Antes de jubilarse, la compañía de Dan había construido más de cien edificios de iglesias.

Amway pronto estuvo más allá de sus humildes comienzos, y Rich y yo nos adaptamos a las nuevas necesidades de la empresa. El asombroso ritmo de crecimiento de Amway puso a prueba nuestras capacidades de liderazgo, pero mantuvimos las cosas en movimiento con la ayuda de un hombre llamado Clair Knox. El trabajo principal de Clair era asegurarse de que Rich y yo no nos fuéramos por el camino equivocado con la empresa. Él señalaba los potenciales problemas que surgirían y lo prevenía llamándonos a Rich y a mí a una pequeña conferencia. Si Rich y yo comenzábamos a ignorar un asunto importante, Clair le ponía fin forzándonos a solucionar esos asuntos antes que se convirtieran en un problema real. Su trabajo probablemente era más benéfico de lo que cualquiera de los dos pensaba en ese momento.

A medida que Amway se expandió, Rich y yo desarrollamos nuestras propias áreas de experiencia. Rich de forma natural se volvió a las charlas motivacionales y relaciones con los distribuidores, mientras que yo comencé a desarrollar una facilidad con el análisis financiero y las cuestiones internas. No es que nos hubiéramos sentado y dicho: "Bien, yo me haré cargo de la expansión interna y tú ocúpate de la investigación y el desarrollo", o algo así. Era más un entendimiento de lo que teníamos, cada uno entendía dónde estaban las fortalezas del otro, así que cada uno hizo espacio para que el otro utilizara esas destrezas a plenitud. La especialización que logramos ayudó a que Amway funcionara por décadas tranquilamente.

## ANUNCIANDO LA DESTRUCCIÓN

Justo antes de media noche un caliente viernes de Julio de 1969, yo estaba sentado en mi sala leyendo cuando me sorprendió un estruendoso estallido afuera que sacudió mis ventanas. Inicialmente pensé que el ruido había sido el estallido supersónico de un avión militar, pero eso habría sido inusual en Ada, Michigan. Cuando me levanté y caminé hacia la ventana del frente, vi un gran brillo color naranja sobre los árboles hacia el norte. Mi corazón saltó muy fuerte y mi garganta se contrajo de miedo porque entendí que el brillo muy seguramente venía del complejo de fábricas de Amway, a menos de media milla de ahí. Mi teléfono sonó, y lo tomé rápidamente para escuchar a Bernard Schaasfsma darme terribles noticias. Había habido una explosión en el ala este de la fábrica de Amway, en la división de aerosol. Mi cabeza daba vueltas. Rich estaba en su bote en Carlevoix, Michigan. "Llama a Rich", le dije. "Ya voy para allá". Mientras me vestía rápidamente le dije a Betty lo que había sucedido, subí a mi auto y conduje cruzando Ada hacia Amway. Cuando pude ver la fábrica de Amway, me horrorizó ver que las llamas llegaban a sesenta pies de altura sobre lo que había sido una de las partes más protegidas contra el fuego en ese edificio. Pensé en la sección de tanques de derivados de petróleo a varios cientos de pies de la pared oriental de la división de aerosol y pisé el acelerador. Un suplente del alguacil me detuvo en la puerta este. Supo que era mi fábrica la que se estaba quemando y me dio paso.

Los camiones de bomberos habían llegado sólo cuatro minutos antes que yo y todavía estaban conectando sus mangueras. Parecía que el techo de la casi nueva división de aerosol había colapsado y debajo había un infierno al rojo vivo. El rugir del gas quemándose era ensordecedor. Corriendo un gran riesgo los empleados Clay Jastifer, George Simington y George McManis habían alejado del edificio dos camiones remolques y un camión tanque para evitar un mayor daño y la posibilidad de otra explosión. Muchos otros empleados estaban por ingresar a un edificio de oficinas adjunto para rescatar algunos archivos importantes, pero yo los detuve. "Olviden los papeles" les dije. "¡Saquen a la gente!"

Dan Vos llegó unos minutos después. Cuando escuchó por radio que el complejo Amway estaba en llamas, se apresuró y se encontró con un policía en el Puente Ada quien le dijo que debía regresar debido al incendio. "Voy a llegar allá", dijo. "¡Yo construí ese sitio y usted no puede detenerme!" Cuando Dan vio la obra de sus manos envuelta en llamas, rompió en llanto. "Sé que no debería tener tanto cariño por un edificio", luego me dijo, "pero ver cómo se consume tu trabajo te rompe el corazón". Por la Misericordia de Dios nadie murió en el incendio, aunque diecisiete salieron heridos, dos de gravedad. El incendio causó más de medio millón de dólares en pérdidas y en total destruyó 14.400 pies cuadrados de nuestras instalaciones de 450.000 pies cuadrados. El sistema aspersor quedó inutilizado por la primera explosión, pero en gran parte las otras medidas de seguridad funcionaron para mantener controlado el fuego.

Cuando vi que las llamas estaban bajo control y que las personas heridas habían recibido atención, mire a Dan y le dije: "Voy a casa. Todo está bajo control y no hay más para hacer aquí". Él seguramente se preguntaba cómo podía yo ir a casa con mi empresa en llamas, pero no me fui a casa a dormir, me fui a trabajar. Había que encontrar nuevos proveedores, construir una nueva división de aerosoles, y mientras tanto había que encontrar empleos para los trabajadores de la planta de aerosol. A la mañana siguiente, los directivos nos reunimos a las siete en punto y nos pusimos a trabajar.

Hoy Amway tiene su propio "Departamento de bomberos" y algunos empleados toman cursos especiales en prevención y apagado de incendios para evitar que el desastre de 1969 se vuelva a presentar. Nuestros bomberos son bien conocidos por su profesionalismo y en ocasiones los llaman para ayudar en la brigada municipal de incendios de Ada.

Desafortunadamente algunos "incendios" necesitan más que una brigada de bomberos especializada para ser apagados, como estamos por aprender.

## CAPÍTULO 7

# AMWAY BAJO ATAQUE

En una ocasión, como a eso de la media noche, sonó el teléfono en mi casa en Ada. Era una prima lejana. No la conocía personalmente, pero la había visto en algunas ocasiones en reuniones familiares y sabía quién era. Tendría unos veinte años, se había casado hacía sólo unos meses. Estaba llorando y no sabía a quién más acudir así que me llamó.

Ella y su esposo habían unido todos sus recursos para participar en un plan de pirámide por $4.000 dólares. El fiscal general de Michigan se había infiltrado en el esquema y el operador del plan convocó a una reunión en Lansing de todos los que tenían participación en él para unirse en un segundo nivel.

Los promotores del plan les habían dicho a estas personas que para salvar su inversión inicial tendrían que hacer otra contribución. No había nada que podía decirle a mi prima excepto que no tirara el dinero a la basura y que era conveniente esperar a que las autoridades pudieran exigir la devolución de algo de su dinero.

Ellos le vendían a la gente distribuciones para que a su vez las personas a las que se las vendían las ofertaran y vendieran a otras personas. Pero un distribuidor con cualquier empresa sólo puede lograr valor por medio de la venta de productos útiles. Una distribución en sí sola no es dinero inmediato; tienes que trabajar.

Ésta última artimaña que atrapó a mi prima llevó la venta de distribuciones a su final. Éstas eliminaron los productos. En lugar de vender artículos tangibles, se suponía que el distribuidor vendía una idea, un programa que convencería a cualquiera de su habilidad para las ventas y así ganar mucho dinero.

En los años 1960 y 1970 hubo un auge de operaciones como esta, las cuales se conocieron como esquemas de pirámides. Estas organizaciones atraían a los ingenuos e incautos prometiéndoles grandes utilidades con una pequeña inversión inicial y poco esfuerzo, lo único que los miembros debían hacer era reclutar dos o tres más que hicieran la misma inversión. Unas pocas personas en la cima podían hacerse muy ricas por medio de artificios como estos, engañando a quienes estaban debajo de ellas en la cadena. Los esquemas de pirámides estaban alcanzando toda una comunidad, hasta que los últimos en unirse no encontraban a nadie más que reclutar.

Este tipo de estafas le han hecho mucho daño a Amway porque a menudo Amway es confundida con esquemas de pirámides. Sufrimos de culpa por asociación. Es cierto que la estructura organizacional de Amway y otras firmas de redes de mercadeo pueden describirse como pirámides, pero así también se describe cualquier estructura empresarial tradicional o militar, así como también algunas organizaciones de caridad. Lo que es importante es que las ventas de Amway y su plan de mercadeo no tienen todas las características distintivas de un esquema de pirámide ilegal.

El público, desde luego, no siempre hace la diferencia. Hubo tan mala publicidad alrededor de varias estafas que algunas personas decían que todas las ventas directas debería declararse ilegales. Acabar con la industria del mercadeo directo efectivamente habría terminado con los esquemas de pirámides, pero también habría destruido las casi 2.500 empresas de venta directa en el país que contaban con buena reputación. Así que lanzamos una campaña publicitaria para educar al público americano en la naturaleza de los esquemas de pirámide ilegal y cómo evitarlos. Amway publicó cientos de anuncios en periódicos por todo el país y trató de comunicar el problema en docenas de discursos que yo presenté para organizaciones de negocios y para entidades comunitarias por todo el país.

## RETADOS POR EL GOBIERNO

Educar al público americano es una cosa. Educar a los burócratas federales es una tarea muy diferente. Pero nos vimos forzados a asumir el reto cuando en 1975 la entidad Federal Trade Comission (Comisión de Comercio Federal, FTC, por sus siglas en inglés) presentó una queja oficial contra Amway. La FTC acusaba al plan de mercado y ventas de Amway como "un esquema piramidal de distribuidores basado en números siempre crecientes de otros distribuidores", que estaba "destinado al fracaso", y que contenía un "intolerable potencial de engaño". Fuimos acusados de fijar precios (es decir, que le decíamos a los distribuidores a qué precios podían vender sus productos), de restringir las actividades de los distribuidores diciéndoles que no vendieran los productos de Amway por medio de almacenes minoristas, y de tergiversar las oportunidades de éxito. Los cargos de la FTC fueron el primer asalto serio contra Amway, amenazaron la misma existencia de nuestra corporación. Posteriormente salimos victoriosos pero el ataque nos convenció de la importancia de mantener informado al gobierno federal de quiénes éramos y qué estábamos haciendo aquí en Ada, Michigan.

Los cargos de fijación de precios no eran inusuales. Antes que las leyes contra el monopolio comenzaran a señalar tales cosas, algunas firmas les pedían a los distribuidores independientes o minoristas que cobraran ciertos precios por sus productos. Esta práctica, llamada conservación de precio de reventa, entre otras cosas, aseguró que un mayor elevado nivel de servicio al cliente acompañara la venta del producto.

En algún punto, cada compañía tuvo que cambiar sus políticas de precios, es por eso que hoy en día ves el "precio sugerido al público" en las cajas de mercancía. De nuevo, la única naturaleza de la organización Amway terminó en problemas con reguladores que no tenían conocimiento de la forma en que funcionaba Amway. La "restricción de comercio" de la que se nos acusaba como consecuencia del modesto grupo de reglas que imponíamos a los distribuidores tampoco fue una acusación inusual.

Toda la situación se habría podido solucionar en una reunión de treinta minutos si hubiéramos estado tratando con personas razonables, pero las agencias reguladores no son conocidas por su razonabilidad o eficiencia. Así que la FTC examinó cuidadosamente los manuales y más de cien listas de precios que habíamos publicado en una u otra ocasión para encontrar una o dos que pudieran interpretarse como "fijación de precios". Gran parte de la evidencia de la FTC incluía publicaciones y prácticas descontinuadas antes de la prueba. La FTC se basó parcialmente en un manual de Amway de 1963 que exigía la conservación de precio de reventa. Pero nosotros argumentamos que Amway no había hecho uso del manual desde por lo menos 1972, y la práctica de fijación de precios había terminado junto con el uso del manual.

Las audiencias en Washington fueron un tanto interesantes. La FTC le dio demasiada importancia ante las probabilidades de que cualquier distribuidor llegara a altos niveles con Amway como si eso fuera de vital importancia. Desde luego, nosotros publicamos esas cifras ahora para que todos las vean y no parecen haber hecho ningún daño en nuestra fuerza de distribuidores. Durante el testimonio de Rich en el estrado, le preguntaron si alguna vez él le había dicho a un distribuidor que podía ganarse U$1.000 al mes, o que había distribuidores ganando U$50.000 al año (lo cual era mucho dinero en los años 1970). "Sí, he dicho eso", dijo Rich.

"Bien, lo tenemos grabado", respondió la persona de la FTC.

"Eso no es un secreto" respondió Rich. "Saquemos la cinta. No voy a argumentar sobre ese punto. ¿Cuál es el problema?"

"Usted sabe que muchas personas nunca alcanzan esa cifra", dijo la FTC.

"Entiendo" dijo Rich. "Nunca se los he prometido".

"Bueno, permítanos mostrarle algunas personas que se han visto afectadas por esto" dijo la FTC. Y procedieron a hacer un desfile de personas ante la corte. Muchos de ellos se quejaban de haber sido engañados por nuestra presentación de la oportunidad con Amway. "Me involucré con Amway y trabajé por unos meses pero no pude lograr que nadie viniera a una reunión y no vendí ningún producto", decía alguien. Así que nuestro abogado hablaba un poco con esa persona y descubría que no, nunca había salido a venderle los productos a un cliente; no, nunca se había esforzado por llevar personas a una reunión; y no, no había sacado provecho del entrenamiento que sus patrocinadores hubieran podido darle.

A menudo encontrábamos que aunque la persona hubiera abandonado su negocio con Amway, se había beneficiado grandemente de la experiencia. "¿Qué estaba haciendo antes de comenzar su negocio con Amway?" preguntábamos.

"Trabajaba conduciendo un montacargas en una bodega", responden.

"¿Y qué está haciendo ahora?" seguíamos. "Bueno, estoy vendiendo seguros y me está yendo muy bien".

"¿Cómo hiciste esa transición, de operador de montacargas a vendedor de seguros?" insistíamos.

"Ah, todo lo que aprendí en Amway lo apliqué a mi nuevo trabajo".

"Gracias señor", decíamos. "¡Siguiente testigo!"

Pudimos demostrarle a la corte que incluso estos descontentos desertores de Amway habían aprendido tanto de la empresa que habían pasado a mejores empleos y eran mucho más exitosos que lo que habían sido antes de Amway.

## REIVINDICADOS

Después de cuatro años de procesos legales, literalmente decenas de miles de documentos, cientos de entrevistas, y más de $4 millones en costos, la FTC mantuvo el plan de ventas y mercadeo de Amway. El comisionado Robert Pitofsky, al presentar la opinión unánime, escribió que "hemos determinado que el plan de ventas y mercadeo de Amway no es un 'esquema de pirámide ilegal'; que las normas no relacionadas con el precio que Amway ha impuesto sobre los distribuidores de sus productos para controlar la forma como los productos llega a los consumidores, no constituyen restricciones irracionales de comercio o métodos injustos de competencia; y que, con la excepción de ciertas reclamaciones de ingresos, los causados (Amway) no han hecho afirmaciones falsas, mal interpretadas o engañosas acerca de los negocios de Amway o las oportunidades que representa para una persona que se vincula con la misma".

Nos exigieron cambiar nuestras prácticas de precios y modificar la forma como representábamos las ganancias a los potenciales distribuidores. Desde luego estábamos dispuestos a seguir el fallo de la FTC, pero personalmente lo sentí como otro ataque contra el sistema de la libre empresa. La libertad para contratar es parte esencial de un mercado libre. Sin ésta, la empresa ve obstaculizada su habilidad de hacer que sus compradores, empleados y propietarios mejoren. Este país fue fundado sobre la idea de que dos personas podían suscribir un contrato de prácticamente cualquier clase y seguir sus términos sin interferencia del gobierno. Por lo tanto si una condición para mantener una distribución o franquicia o cosas similares es vender productos a cierto precio, nadie está siendo defraudado, engañado o robado, y debería permitirse que el contrato permaneciera.

El director suplente de la FTC, Ira Furumaru, no lo veía de esa manera. "¿Estamos inhibiendo la libre empresa al detener la fijación de precios?" preguntó.

"Estamos permitiendo que el sistema de libre empresa funcione, somos casi una agencia desreguladora, desregulamos los efectos de unas empresas regulando a otras".

Esto sería muy chistoso si no fuera por el hecho de que tal "desregulación" resulta en un incalculable efecto sobre la economía cada año. Mientras que los contratos entre empresas sean libres, sin engaños o fraudes, la "regulación" de empresas, según lo que piensa el señor Furman, es muy diferente a la regulación del gobierno. Las relaciones de negocios o acuerdos que la FTC procesa en juicio son voluntarias. Las personas libres usualmente sólo suscriben contratos que consideran serán de beneficio para ellos. La regulación de gobierno no es un contrato. Los burócratas hacen las normas y las empresas tienen que seguirlas. No hay nada voluntario, nada benéfico acerca de la regulación de gobierno.

Si la normatividad sobre la fijación de precios nos decepcionó, nos alivió que la FTC percibiera que nuestra norma de prohibir a los distribuidores vender a almacenes minoristas era justa y necesaria. La esencia de la organización Amway es la venta persona a persona. Quienes les venden a sus amigos, familiares y vecinos, pueden proveer un mucho mejor servicio que una tienda minorista. La restricción, entonces, era una forma lógica de asegurarle al consumidor un excelente servicio.

Respecto a las reclamaciones de ganancias, el fallo de la FTC debía entenderse dentro del contexto de su peculiar entendimiento legal de "engaño". Durante la época del juicio, Rich le dijo a la prensa: "De forma significativa, la comisión no encontró ninguna instancia en la que un potencial distribuidor hubiera sido mal orientado con ejemplos de cómo funciona nuestro plan de ventas y mercadeo. Por el contrario, la comisión eligió basar sus conclusiones en un estándar puramente teórico legalista llamado la capacidad de engaño. Ese es un asunto muy diferente. Lo que la comisión está diciendo es que es probable que alguien, algún día, en alguna parte pueda ser mal orientado". Hoy, el ingreso promedio mensual de distribuidores activos se anuncia claramente en varias partes del folleto entregado en cada presentación del plan de ventas y mercadeo.

## CÓMO IDENTIFICAR UNA PIRÁMIDE

Ésta no fue la primera vez ni la última que Amway sería atacada como un esquema de pirámide. Pero esta acusación es absurda. Primero, las pirámides generalmente requieren un cargo de ingreso sustancioso no reembolsable. El cargo de Amway para el equipo de principiante es tanto económico como reembolsable. Para la época de la investigación de la FTC, un kit de ventas costaba U$15 y un kit de muestras de producto costaba U$10. Es más, si un nuevo distribuidor quiere salirse de Amway, su patrocinador debe comprar de vuelta el inventario no utilizado.

Segundo, Amway prospera con ventas de productos de alta calidad. Las pirámides se apoyan exclusivamente en la organización, aunque a veces comercian productos de baja calidad o inútiles para camuflar sus actividades. Aunque los distribuidores de Amway pueden multiplicarse o ampliar su volumen de negocios mediante el reclutamiento, sin ventas, nadie gana nada por medio de Amway. Los distribuidores deben satisfacer a los compradores a fin de hacer que el plan de Amway funcione. No se les paga a los distribuidores por añadir más distribuidores a su organización.

Tercero, los esquemas de pirámides pueden "saturar" rápidamente un mercado, así que después de un periodo de rápido crecimiento, no queda nadie para reclutar y el sistema colapsa. Las acusaciones de la FTC sobre saturación fueron ridículas y traicionaron gran parte del entendimiento de cómo funciona el plan de mercadeo de Amway. Después de quince años de operaciones, Amway tenía distribuidores en sólo un cuarto del 1% de los hogares de la nación. Amway no representaba peligro de saturación del mercado, un concepto que finalmente entendió la FTC. Hoy, después de casi cuarenta años de crecimiento, Amway todavía tiene mucho potencial. Cada distribuidor es libre de establecer sucursales no solamente en su propia comunidad sino en todo el mundo. Esto proporciona una enorme población dentro de la cual trabajar.

Para evitar ser engañados con un esquema de pirámide ilegal, animo a las personas que hagan unas pocas sencillas preguntas cuando alguien les ofrezca una nueva propuesta de negocios:

1. ¿El promotor asegura muy buenos rendimientos con una inversión inicial? Afirmaciones de rendimientos del 1000% anual, o más elevados, son muy comunes en los esquemas de pirámides.

2. ¿El promotor quiere un elevado cargo de ingreso no reembolsable?

3. ¿La empresa vende un producto o servicio? ¿Ese producto o servicio es de alta calidad?

4. ¿El promotor insiste en la clandestinidad o evade preguntas legales?

5. ¿La empresa es miembro directo de una asociación de ventas directas? Si así es, eso es bueno, la entidad Direct Sells Association (Asociación de ventas directas, DSA, por su sigla en inglés) luchó contra los esquemas de pirámides ilegales educando al público y buscando sanciones criminales para quienes promovieran esos esquemas. También mantienen un código de ética y directrices para sus miembros.

La FTC nunca retó la cualidad y el valor de los productos de Amway. Los esquemas de pirámides usualmente no producen nada, sus vidas cortas se ven marcadas por transferencias de dinero de una persona a otra. En contraste, las empresas genuinas se interesan en la satisfacción del cliente, y fabrican productos de buena calidad. Sin embargo la FTC notó que "los productos de Amway tienen una muy elevada aceptación entre los consumidores. Un especialista en mercadeo. . . afirmó que el detergente para ropa de Amway, que tiene muy baja participación en el mercado y no tiene publicidad a nivel nacional, tiene el tercer puesto de fidelidad de marca entre treinta y siete marcas. El jabón para loza de Amway superó a las dieciséis marcas investigadas sobre fidelidad de marca".

Después que los investigadores de la FTC se fueron en 1979, Amway seguía fuerte, de hecho, el año fiscal de 1979 registró ventas minoristas de $800 millones de dólares, $300 millones de dólares por encima del año anterior. Resultó que a largo plazo la investigación de la FTC fue algo bueno para nosotros. No sólo nos enseñó algo respecto a tratar con el gobierno y la burocracia, sino que nos dio una renovada credibilidad que luego pudimos usar. Si alguien cuestionaba la legitimidad del plan de Amway, podíamos decir "Mire, la FTC tenía las mismas preocupaciones que usted tiene. Nos investigaron rigurosamente y salimos bien. Incluso servimos como modelo sobre la manera correcta de dirigir una empresa de ventas directas". Cuando ingresábamos a otros países por primera vez, en muchos no habían visto una empresa de ventas directas como la nuestra. Podíamos tranquilizar sus temores hablándoles de nuestra experiencia con la FTC. Si no tenían ninguna ley escrita para diferenciar entre ventas directas legítimas y operaciones de pirámides inescrupulosas, los animábamos a usar las normas de los Estados Unidos como modelo para sus propias leyes. A pesar de toda la publicidad negativa que surgió de la investigación de la FTC, si no hubiéramos enfrentado esa rigurosa prueba, habría sido mucho más difícil expandirnos internacionalmente como lo hemos hecho.

En 1982 surgió otra prueba en manos del Departamento de Justicia de Wisconsin. Ésta fue, en cierto sentido, un ataque menos serio porque no amenazó la existencia de Amway. Sin embargo la publicidad que resultó del caso Wisconsin, no nos hizo bien.

La literatura de Amway entregada a potenciales distribuidores incluía unos ejemplos hipotéticos acerca de qué clase de ingresos eran posibles en los negocios independientes de Amway. El estado de Wisconsin insistió en que las declaraciones hechas por Amway eran impropias y demandaron a Amway y a cuatro distribuidores de Wisconsin. Nosotros nos defendimos diciendo que nuestras cifras deberían interpretarse tal como las expresamos.

Como con todas las otras formas legítimas de independencia laboral, los ingresos de un negocio de Amway dependen del esfuerzo individual dedicado al desarrollo de esa empresa más el tiempo invertido. Algunas personas ingresaban a Amway tomándola sólo como una ocupación de tiempo parcial, como para obtener un poco de dinero extra cada mes. Otros buscaban usar al máximo la oportunidad con Amway y trabajaban con esta de tiempo completo. Además, los distribuidores en las primeras etapas de desarrollo de sus negocios no pueden esperar recibir lo que los distribuidores expertos encima de ellos están ganando. Por ejemplo, hay distribuidores como el que trató de iniciar su negocio de Amway comprando miles de dólares de equipo audiovisual con el cual esperaba impresionar a los asistentes a sus reuniones de ventas (probablemente pensó que si invertía lo suficiente, no tendría que trabajar). Todos estos factores quieren decir que la distribución promedio no está generando la clase de ingresos que es posible con Amway. Pero nuestra literatura de ventas, en sus ejemplos hipotéticos, presentaba la clase de ingresos que podría obtener una persona muy trabajadora que ha pasado varios años en el negocio.

## TRIUNFANDO EN GRANDE CON AMWAY

Algunas personas no comprenden que Amway no es, y nunca ha sido, un esquema de hágase rico rápido. Algunos distribuidores de Amway se han hecho muy ricos en un periodo de tiempo corto. Pero ese no siempre es el caso. La mayoría de las personas que quieren llevar su negocio a su mejor potencial, tendrán que hacer lo que Rich y yo hicimos cuando estábamos comenzando: trabajar largas horas sin renunciar fácilmente. Entendimos, por medio de nuestras experiencias con los medios, que tendríamos que dejarles eso muy claro a las personas. El "Informe de Negocios de Amway" que los distribuidores entregan en todas las presentaciones del plan de ventas y mercadeo de Amway, ahora incluye información acerca del promedio de ingreso mensual y bonos para nuestros distribuidores.

En muchas de nuestras reuniones y convenciones de distribuidores de Amway presentamos a algunos de ellos que han hecho grandes cosas, personas que están obteniendo ingresos de seis cifras por medio de Amway. Pero mirar únicamente estas historias de éxito es perder la verdaderamente gran historia de éxito, los millones de personas en todo el mundo que hoy tienen una vida mejor porque invirtieron en Amway un poco de su tiempo libre cada semana. En el estado norteño de New York, la madre que necesita esa pequeña ayuda extra para enviar a sus hijos a una escuela parroquial y quiere trabajar desde casa. En Turquía, el padre de seis hijos que tiene una distribución de Amway sólo para comprar alimento para su extensa familia. En Japón, el ejecutivo que vende productos Amway para pagar unas vacaciones en Hawái. Probablemente sólo están invirtiendo cinco horas a la semana porque su meta es únicamente tener un poco de dinero extra para sus gastos. Probablemente están invirtiendo diez horas para enviar un hijo a la universidad. La oportunidad está ahí, y cada distribuidor de Amway ha decidido por sí mismo cuán lejos va a ir. Nosotros dijimos: "Escuchen, este es el trato. Hemos planteado esto para que ustedes puedan hacer con eso lo que quieran. No nos cuenten sus problemas. No nos cuenten qué no pueden hacer. Simplemente tomen la oportunidad y muéstrennos qué pueden hacer".

No podemos hacer que el plan sea completamente infalible. Cualquier emprendimiento de un negocio requiere algo de riesgo, aunque hemos trabajado para reducir ese riesgo hasta un mínimo absoluto. No podemos vigilar completamente, mucho menos controlar, el comportamiento de millones de distribuidores para asegurarnos que unas pocas personas inescrupulosas no estén malinterpretando el plan de Amway o evitar que algunos tomen malas decisiones con sus negocios. Pero Rich y yo estamos convencidos que nuestro plan funciona bien para la mayoría de la gente. Ha resistido la prueba del tiempo. Estamos dispuestos a defenderlo contra quienes no pueden soportar el hecho de ver cómo otros triunfan.

Pero estos primeros retos contra las prácticas de nuestra empresa nos hicieron a Rich y a mí pensar en la importancia de entender y participar en el proceso político. Los oficiales gubernamentales que no entendían el mercadeo multinivel tenían el poder de clausurarnos con un caso en la corte o nuevas regulaciones. Esto no fue más cierto que con lo que estaba por pasar en Canadá.

## CAPÍTULO 8

# FRUSTRACIÓN EN CANADÁ

El 12 de Noviembre de 1982, la Real Policía Montada de Canadá sitió las oficinas principales de Amway en Canadá. En una declaración de veinte minutos ante los medios, un portavoz del gobierno canadiense presentó cargos criminales contra Amway, afirmando que Amway había "defraudado" a Revenue Canadá por una cifra indeterminada que superaba los $28 millones de dólares. Revenue Canadá, el equivalente canadiense a la IRS (Servicio de Impuestos Internos), demandó a Amway en el más grande pleito aduanero que alguna vez haya presentado, buscando $118 millones de dólares en pagos y sanciones. Adicionalmente, Rich y yo, junto con dos de nuestros vicepresidentes, fuimos solicitados en extradición para enfrentar un juicio en una corte canadiense. Ese día llego la mayor de las pruebas que Amway haya enfrentado, y una inigualable pesadilla de publicidad.

Al día siguiente de la conferencia de prensa canadiense, nosotros sostuvimos nuestra propia conferencia de prensa en Ada. Rich y yo, junto con nuestros dos vicepresidentes acusados, explicamos nuestro lado de la historia. La mayoría de los problemas con los que estábamos lidiando habían tenido sus inicios en 1965, cuando la relación entre Canadá y los Estados Unidos era más amigable de lo que era en 1982. Para entender lo que realmente estaba sucediendo en 1982, es necesario explicar un poco de la historia de nuestros acuerdos con Canadá.

La ley de aduanas canadienses establecía aranceles sobre artículos importados según el valor comercial del país de origen. La estructura organizacional única de Amway implicaba que el sistema debía adaptarse a la situación. Así que en 1965, nos sentamos con oficiales de las aduanas canadienses para desarrollar unas normas aduaneras respecto a los productos de Amway fabricados en los Estados Unidos y exportados a Canadá. Amway pagaría la misma tarifa que (1) pagaban sus competidores que vendían en tiendas; (2) Amway tendría que pagar si había comprado los productos a otros fabricantes; o (3) Amway pagaría si le había vendido los productos a almacenes que no fueran de Amway dentro de los Estados Unidos. En Agosto de 1965, los oficiales de aduanas canadienses hicieron ese reglamento. Por quince años, desde 1965 hasta 1980, tanto el gobierno canadiense como Amway se rigieron por ese reglamento equitativo y justo.

Durante ese tiempo, los oficiales de aduanas canadienses auditaron rutinariamente los métodos de asignación de valor que utilizaba Amway para los productos que enviaba a Canadá. Todas las veces los oficiales de aduanas canadienses indicaron su satisfacción con los acuerdos, según los términos del acuerdo de 1965. Luego, a comienzos de 1980, la aduana canadiense cambió unilateralmente el reglamento de 1965. Amway debía pagar más de cuatro veces la tarifa que había pagado sobre los mismos productos desde 1965 a 1980. ¿Por qué el cambio repentino?

Un ejecutivo de Amway que fue nuestro empleado por cerca de dos años se había encargado de retar el reglamento de 1965 hecho por los oficiales de aduana canadienses. Aunque no había participado personalmente en las negociaciones y no tenía conocimiento de las bases del reglamento, llevó a creer a nuestra firma auditora y al agente de aduanas canadiense (ninguno de los cuales había participado en las discusiones en 1965) que en 1964 se habían hecho tergiversaciones fraudulentas y durante las auditorias subsecuentes. Incluso intentó convencernos a Rich y a mí que se había cometido un fraude. Eso era preocupante; para nosotros, desde luego, y rápidamente indagamos sobre sus afirmaciones, apoyándonos en la asesoría legal tanto interna como externa de Amway. Cuando decidimos no adoptar sus recomendaciones de pagarle a Revenue Canadá la suma que él decía que les debíamos, renunció.

Sin embargo había sido hábil en su presentación ante el agente de aduanas, y el agente pronto renunció como representante de Amway. Sin investigar completamente las denuncias del ejecutivo, el agente envió una carta a Revenue Canadá relatando lo que el empleado había dicho. Así que de una forma extraña, Amway se había puesto en evidencia a sí misma, aunque en realidad no se había cometido ninguna falta. Entonces Revenue Canadá emitió su reglamento de 1980.

Obviamente para ese momento estábamos muy preocupados. El nuevo reglamento era equivalente a dejar de enviar productos a Canadá. Pero más importante aún, la integridad de la compañía se había puesto en duda. Recurrimos nuevamente a asesoría externa para determinar lo correcto en la situación.

Amway contrató a Vernon D. Acree, comisionado jubilado de aduanas de los Estados Unidos, como consultor para revisar el acuerdo arancelario. Acree determinó que no había razones que respaldaran una acusación de encubrimiento, ocultación o fraude. Él informó que al revisar los memos, y mediante numerosas entrevistas y otras investigaciones, no había encontrado ninguna instancia en la que alguien de Amway hubiera defraudado al gobierno canadiense. "Los canadienses parecen haber reaccionado con mano dura ante esta situación", dijo Acree. "No se presentan cargos criminales sin examinar el otro lado de la moneda. Nadie de Canadá ha venido a Ada a decir, 'Ésta es nuestra acusación. ¿Qué tienen que decir a eso?'"

Sin duda, mano dura. Tan severa fue la respuesta de Revenue Canadá que comenzamos a sospechar que la animosidad que el primer ministro canadiense Pierre Trudeau tenía hacia las empresas y en especial hacia las empresas americanas, podía estar filtrándose en esta situación. Probablemente el gobierno de Trudeau se había ofendido con nuestro conservatismo. El periodista canadiense Bruce LaPlaunte observó que el dulce olor del exitoso Capitalismo podía haber llegado a Trudeau y a su partido liberal. "Algunas personas de Amway son, me atrevo a decirlo, MUY exitosas", escribió LaPlaunte. "Adivine ¿qué sistema político-filosófico adoptan la mayoría de ellos (sino todos)? El Capitalismo. ¿Cuál es el principio básico del Capitalismo? Que con la más mínima libertad, alguien puede lograr casi todo lo que desee.

¿Y qué predica Amway? Que con cierta cantidad de esfuerzo razonable, cualquiera puede tener una muy buena vida, siendo representante de Amway". Trudeau, un hombre que Ed Feulner describió como un "devoto de la economía socialista" que "se sobresalta cuando escucha historias de éxito del mercado libre" estaba enfrentando una difícil batalla electoral con el muy conservador Peter Pocklington, un hombre de negocios de la zona de Calgary-Edmonton, quien era un favorito de uno de nuestros distribuidores canadienses. Fue invitado a una de las grandes funciones de Amway, se hizo muy popular y por un tiempo pareció que Pocklington iba a derrotar a Trudeau. De repente cosas extrañas empezaron a suceder. Los camiones de Amway eran detenidos en la frontera por largos periodos de tiempo. Los distribuidores comenzaron a tener toda clase de auditorías. Otras firmas americanas comenzaron a experimentar problemas similares. La guerra que los burócratas de Trudeau estaban librando sobre las empresas americanas podía haber sido un error, dado el número de canadienses que compraban importaciones americanas y ganaban dinero por inversiones americanas.

Amway es auditado en todo el mundo y no ha tenido problemas de importación significativos en ninguna parte, excepto en Canadá. Cada año exportamos medio billón de dólares en mercancías a Japón. Allá somos auditados de forma regular y nunca hemos tenido problemas. Durante toda la catástrofe con Revenue Canadá, estuvimos exportando a una variedad de otros mercados exactamente al mismo precio. El que hubiéramos seguido exportando con precios consistentes en otras partes indica que Canadá no estaba al mismo ritmo que el protocolo de comercio mundial. Canadá usaba un método de valoración único que ninguna otra nación empleaba y tenía unas restricciones de importación, anticuadas y sin sentido. Irónicamente, después de nuestra confrontación con Revenue Canadá, Canadá cambió su protocolo. Bajo las regulaciones de comercio actuales, el sistema de precios de exportación que usamos ni siquiera habría sido cuestionado.

## NO ESTÁBAMOS SOLOS

Amway no fue el único objetivo de Revenue Canadá. Por años, firmas canadienses habían sido investigadas por esta entidad. La organización canadiense de pequeñas empresas se quejó fuertemente: "No importa cuán ordenados sean nuestros asuntos de impuestos, Revenue Canadá siempre va a encontrar una forma de destruirnos".

Aunque se habría podido decir que sin la reglamentación de 1965 Revenue Canadá habría recibido menos aranceles, Amway Canadá había pagado más de $23 millones de dólares en aduanas canadienses antes que las reglas cambiaran. Durante el mismo periodo, Amway pagó cerca de $5 millones de dólares más en cargos impuestos federales de ventas en Canadá. Adicionalmente, Amway de Canadá Ltd., se convirtió en una compañía que hacía negocios por más de $100 millones de dólares al año, empleando (directa o indirectamente) a miles de canadienses y atendiendo a 100.000 distribuidores canadienses que representaban probablemente entre 150.000 y 200.000 personas. Amway de Canadá pagaba millones y millones de dólares en impuestos sobre la renta. Las compras de productos y servicios de Amway por parte de empresas canadienses añadían otro beneficio inmensurable a la economía canadiense.

Revenue Canadá logró golpear fuertemente nuestras finanzas, incluso sin impuestos. La mala publicidad y la recesión contribuyeron a una caída significativa en las ventas de los Estados Unidos en 1982. Nuestra expansión internacional realmente valió la pena, equilibrando nuestro déficit interno y permitiéndonos terminar el año con un pequeño aumento en las ventas que llegó a $1,5 billones de dólares habiendo sido de $1,4 en 1981. Pero en algunos meses sí perdimos dinero, y las ganancias fueron casi nulas. Si Amway hubiera estado cotizando en la Bolsa, el valor de nuestras acciones habría caído. Revenue Canadá y el estado de Wisconsin nos pasaron la cuenta, nada antes o a partir de ahí afectó tanto a Amway.

Durante todo el episodio de Revenue Canadá, nuestros distribuidores fueron fieles a Amway, reuniéndose alrededor de la empresa justo como esperábamos que lo hicieran. Las cartas de apoyo y llamadas telefónicas de distribuidores, amigos, proveedores y clientes abundaban en nuestras oficinas de Ada. Una de esas comunicaciones fue un telegrama desde Vancouver, British Columbia, simplemente decía: "Estamos con ustedes en todo el proceso". ¡Estaba firmado por 209 distribuidores! Amway había proporcionado a millones de personas una oportunidad para disfrutar independencia financiera y éxito por medio de sus negocios con Amway. Ahora esas agradecidas personas nos devolvían el favor con una lealtad fenomenal.

Nuestros empleados también estuvieron apoyándonos. Uno de ellos, nos escribió a Rich y a mí una carta de ánimo a comienzos de 1983 y la firmó "un fiel empleado de Amway":

> "Sé cuán positivos deben mostrarse cuando están frente a las personas, yo también sé cuán desgastante puede ser para ustedes toda esta prueba con Canadá y las reducciones en las ventas en Estados Unidos, eso muestra, y también puedo ver cuán difícil es para ustedes mantenerse positivos cuando la realidad se ve tan espantosa. Ustedes han pasado años y años diciéndoles a los demás cuán buenos son y haciéndoselos creer, ahora es el momento para que ustedes mismos lo crean. Todos en cada faceta de la vida cometemos errores, seguro que Amway ha cometido algunos, pero no fueron intencionales, nosotros aquí en las oficinas principales a nivel mundial siempre hemos procurado hacer lo mejor, no siempre hemos tenido éxito, pero el esfuerzo fue verdadero, la intención fue buena, y el bien siempre prevalecerá. Este periodo temporal es sólo un tiempo de prueba, si así lo quieren, una prueba para nuestra fe, la de ustedes y la mía. ¡No pierdan la fe! De eso se trata todo".

Cuando pienso en el trabajo de equipo, el desinterés, y la unidad que nuestros distribuidores y empleados demostraron, recuerdo una analogía del reino animal. Cuando los gansos vuelen al sur este invierno en su tradicional formación en "V", reflexiono sobre lo que los científicos han descubierto respecto a por qué vuelan de esa manera.

A medida que cada ave bate sus alas, se crea una elevación para el ave que está inmediatamente detrás. Al volar en formación en V, toda la manada añade por lo menos 71% de más rango de vuelo que si cada ave volara sola.

Punto: las personas que comparten una meta común y un sentido de comunidad pueden llegar a donde se dirigen más rápida y fácilmente porque viajan sobre la confianza de otro.

Cuando un ganso se sale de la formación, de repente siente la fuerza y la resistencia de tratar de ir solo y rápidamente vuelve a la formación para sacar ventaja del poder elevador del ave que está adelante. Cuando el ganso que está en la delantera se cansa, rota a la parte de atrás de la formación en "V", y otro ganso toma el liderazgo.

Punto: es razonable tomar turnos con otras personas en trabajos exigentes.

Finalmente, cuando un ganso se enferma o es herido por un disparo o se sale de la formación, otros dos gansos se salen de la formación junto con él y lo siguen hasta abajo para prestarle ayuda y protección. Se quedan con el ganso caído hasta que pueda volar o hasta que muere; y sólo entonces se ponen en marcha, en su propia formación o con otra, hasta alcanzar al grupo.

Punto: Si tenemos el sentido de un ganso, ¡nos pondremos uno al lado del otro de la misma manera! Todos necesitamos recordar estas verdades básicas cuando llegan los problemas. Cuando Revenue Canadá nos amenazó, Rich y yo tuvimos que acordarnos de pararnos el uno al lado del otro y darnos ayuda cuando fuera necesario, y animar a los distribuidores y empleados a hacer lo mismo.

Amway no estaba sola en esta defensa contra Revenue Canadá, recibimos la ayuda y el ánimo de muchas figuras políticas prominentes. Dos congresistas de Michigan, Guy Vanderjagt y Harold Sawyer, hablaron en respaldo a Amway ante la Cámara de Representantes de los Estados Unidos. Vanderjagt descalificó las tácticas de Revenue Canadá, diciendo que "no buscamos una guerra mundial del comercio, pero ya es suficiente. Amway no pretende ser un 'soldado caído' ante el gobierno canadiense. Los felicito por aferrarse a sus armas. Pero el comentario más triste sobre toda la situación es el tiempo, el esfuerzo y las indudablemente grandes sumas de dinero que ahora Amway debe estar gastando en su 'campaña por la verdad' para probar su inocencia y demostrar lo absurdas que son las acusaciones canadienses".

A pesar del maravilloso apoyo que recibimos, nuestra defensa no iba bien. Obstaculizando nuestros esfuerzos para defendernos a nosotros mismos estaba un equipo jurídico cada vez más desordenado. Para finales de 1982 teníamos diez firmas de abogados trabajando en el caso así como un coordinador legal externo. No podíamos obtener una respuesta directa de ningún abogado y nos estaban costando una fortuna. Era necesario que viniera alguien externo y solucionara el problema. Así que en Diciembre de 1982 llamé a mi viejo amigo Bill Nicholson, quien había sido ayudante del Presidente Ford en la Casa Blanca. Él había estado al tanto de la situación por medio de periódicos y revistas y estaba dispuesto a hacernos el favor de venir a ayudarnos.

Bill llegó en enero y rápidamente encontró que nuestro coordinador legal era el centro del problema. Él había obligado a las diez firmas de abogados a pasar todo por medio de él para que nadie tuviera conocimiento de todo el panorama y había hecho otras cosas que complicaron inmensamente la situación.

Confundiendo aún más las circunstancias había una batalla con el gobierno canadiense en dos niveles. Como el caso civil que Revenue Canadá tenía en nuestra contra no permitía la extradición, los canadienses habían llegado a nosotros desde el plano penal con una demanda criminal a fin de amenazarnos con ser extraditados y ejercer mucha presión sobre nosotros.

A comienzos de Julio de 1983, Bill se reunió con el fiscal general de Canadá e hizo un gran avance en el caso penal. Como consecuencia, los cargos criminales contra Rich y contra mí se retiraron después que Amway pagó una fianza $21 millones de dólares a la provincia de Ontario en octubre. Pagar la fianza no era algo que queríamos hacer inicialmente. Era una fianza sustanciosa. Sin embargo sentimos que a fin de solucionar al asunto y seguir con nuestras vidas, sería mejor pagar. Los titulares nos lastimaban y entre más duraba el caso en las cortes, más titulares salían. Si hubiéramos estado lo suficiente en la pelea ¡al ganar habríamos perdido!

## SOLUCIONANDO EL PROBLEMA

En Septiembre de 1989, después de seis años más de disputas legales y posturas sobre el caso civil, decidimos que sería mejor negociar un acuerdo con Revenue Canadá. De nuevo, eso fue desastroso para mí, pero la alternativa eran otros ocho años de arrastrar el caso por las cortes. Las autoridades canadienses entendieron, creo, que estábamos listos a abandonar nuestros activos en Canadá si no podíamos llevar el asunto a término. En 1989 sólo teníamos dos instalaciones en Canadá que valían menos del 10% del monto que Revenue Canadá había estado buscando.

No era que la solución de $38 millones de dólares fuera a perjudicar a Amway, terminamos el año fiscal de 1989 con ventas de $1,9 mil millones de dólares y estábamos en una posición financiera muy sólida. Y dejar nuestros activos en Canadá habría sido menos costoso en cierto sentido. Pero más de cien mil distribuidores canadienses y cientos de empleados dependían de Amway. Cortar nuestros lazos con Canadá y dejarlos sin apoyo o desempleados los lastimaría y comunicaría algo sobre el trato de Amway con los distribuidores, empleados y compradores que no queríamos hacer.

Durante el problema con Revenue Canadá, trajimos al General Alexander Haig a Amway como consultor para asuntos internacionales. Fue en la reunión de la junta directiva de la fundación Heritage a finales de los años 1970 que conocí a Al, y pronto se convirtió en un amigo cercano. Cuando Revenue Canadá comenzó a perseguirnos, supimos que necesitábamos ayuda. Al había iniciado su propia empresa de consultoría después de salir del servicio al gobierno, y su experiencia en situaciones internacionales delicadas era invaluable. No queríamos que en ese momento los medios supieran que estaba asesorándonos, Al era un personaje de alto perfil y no queríamos la atención que su participación podía generar. Desde luego, por un tiempo Al había estado dando conferencias en nuestras convenciones, pero si la gente descubría que estaba haciendo más que eso, podría haber sorprendido a algunos. Así que acordamos que teníamos que llevarlo y sacarlo de Grand Rapids secretamente y mantenerlo fuera de la vista del público. En la mayoría de sus visitas Al se hospedó en la casa de huéspedes de Rich.

La moral se había afectado un poco en otros países durante nuestro problema con Revenue Canadá, así que reclutamos a Al para que fuera en nuestra representación, a Gran Bretaña, Francia y Alemania, y para que se reuniera con los distribuidores y en general les hiciera saber que no nos habíamos olvidado de ellos. Al es muy respetado en Europa, y su presencia tuvo un poderoso efecto en el progreso de Amway allá. Tanto a nivel interno como a nivel internacional, las ventas volvieron a incrementarse.

Definitivamente Al tenía experiencia en manejar situaciones difíciles y tenía un talento sin igual para el liderazgo. Como jefe del equipo bajo el Presidente Nixon, Alexander Haig prácticamente estuvo funcionando como el presidente del país durante los últimos días previos a la renuncia del Presidente Nixon. Tuvo un buen manejo sobre lo que debía hacerse así como la habilidad para lograrlo.

Al había desarrollado una cercana relación con el Primer Ministro Trudeau durante su trabajo con el Presidente Nixon. Si bien es cierto que Al no se veía cara a cara con Trudeau en asuntos políticos, era un experto manteniendo la paz entre los dos gobiernos. Richard Nixon no quería mucho a Trudeau, así que Al tuvo que ser el intermediario de muchas negociaciones oficiales de estado. Los contactos personales de Al y su habilidad para comunicarse de forma efectiva con el gobierno canadiense nos ayudaron inmensamente.

Bajo el estrés y la presión de los cargos canadienses y la publicidad negativa que generaron, habría sido fácil para Rich y para mí comenzar a culparnos el uno al otro por los problemas de Amway durante la crisis canadiense. En lugar de pararnos espalda contra espalda defendiéndonos de los ataques, pudimos habernos volteado uno en contra del otro. Para evitar la tensión entre nosotros, recurrimos a nuestros cuarenta años de amistad y nuestros viejos hábitos de resolver las cosas de forma pacífica. Si hubiéramos resuelto atacarnos entre nosotros, habíamos destruido todo lo que habíamos construido en todos esos años juntos. Rich es un excelente socio de negocios, y yo no habría superado la crisis de Canadá sin su ánimo, sabiduría y apoyo. Así como Rich y yo dependimos el uno del otro en medio de todas las dificultades de Amway, esta vez dependimos de la fuerza de nuestra amistad. Nuestros agresores habrían ganado si hubieran logrado dividirnos.

La crisis con Revenue Canadá estuvo cerca de descarrilar a Amway como compañía. Después de años de batallas legales estábamos en riesgo de perder nuestro enfoque en la empresa, de olvidarnos por qué habíamos creado Amway inicialmente. Había una clase de arterioesclerosis, un endurecimiento de las arterias, que se había desarrollado al interior de la estructura corporativa. La mayoría de las compañías pasan por este proceso después de madurar, y si no logran tratar con el problema, hay compañías competentes más jóvenes y vibrantes listas para entrar y tomar su lugar.

## CAMBIOS EN LA CIMA

La crisis con Revenue Canadá también nos mostró que necesitábamos reemplazar nuestro coordinador legal externo y probablemente otros altos ejecutivos. Teníamos varios directivos que parecían estar olvidando el cuadro completo. Su eficiencia no era lo que podría haber sido, y tampoco lo eran nuestras utilidades. Mientras ellos sostenían interminables reuniones Rich y yo veíamos cómo los números de crecimiento de Amway se reducían. Toda la situación fue realmente estresante, pero ni Rich ni yo tuvimos la entereza para hacer todos los cambios nosotros mismos. Nuevamente, nos apoyamos en nuestro amigo Bill Nicholson. Le pedimos a Bill que viniera a Amway a realizar una cirugía. "Está bien" accedió Bill. "Trataré de darle sentido a eso y estaré por unos meses. Esto es lo que quiero hacer. Me quedaré la siguiente semana cuando regrese de Alemania. Llegaré la noche del jueves. El viernes despediré al coordinador legal externo y luego volveré a pasar el fin de semana en Houston. Traeré algo de ropa de invierno. Regresaré para empezar bien temprano el lunes en la mañana".

Así que ese lunes, el 5 de Marzo de 1984, trazamos toda la estructura de Amway en una gran hoja de papel para empacar y comenzamos. Los siguientes meses marcaron un giro para Amway. Fue muy duro hacer los cambios necesarios, pero valió la pena. Nuestra tasa de crecimiento retomó su curva de ascenso y no mostró señales de reducción. En lugar de nivelarse como una empresa de "mediana edad" de veinticinco años, Amway había entrado a una segunda fase de crecimiento y desarrollo.

## EL PROBLEMA DEL PROTECCIONISMO

Los problemas que tuvimos con Revenue Canadá me ilustraron claramente los inconvenientes que se dieron como consecuencia de las restricciones de comercio. A pesar de las dificultades que Amway y otras compañías han enfrentado al comerciar en otros países, realmente siento que el comercio extranjero es vital para promover un elevado estándar de vida y de paz mundial. La historia muestra que el mundo ha sido más pacífico cuando hay libre comercio que cuando hay áreas restringidas. Las guerras de comercio tienden a crecer y convertirse en guerras calientes. Algunas personas creen que la Segunda Guerra Mundial en parte se dio por los aranceles Smooth Hawley tan exagerados de los años de la depresión. Eso puede o no ser cierto, pero es claro que los costos del proteccionismo superan sus beneficios. Es por eso que en mi primer discurso para la Cámara de Comercio de los Estados Unidos, apelé al acuerdo de libre comercio para Norte América, un plan que después fue aceptado como el NAFTA.

Las llamadas restricciones de comercio para proteger esta o aquella industria contra la competencia están equivocadas. La industria protegida puede beneficiarse por un tiempo, pero a largo plazo se hará incompetente, no podrá vender sus productos en otros países, Es más, las aduanas domésticas pagan precios más elevados por aquellos productos.

Amway se ha beneficiado tremendamente por el comercio en el exterior, y así también miles de empresas más. En un sistema de comercio más libre, Amway y otras compañías internacionales seguirán floreciendo. Mientras las barreras artificiales de comercio permiten que las empresas se engorden y se vuelvan descuidadas, el libre comercio promueve la eficacia entre las empresas locales y el bienestar de los consumidores.

Pero la libertad no se da sin problemas, según aprendí al tratar con la prensa libre de nuestro país. Y aunque respaldo el concepto de nuestra libertad de prensa, la forma como algunos medios la interpretan nos hizo la vida miserable por un tiempo.

# CAPÍTULO 9

# EN PRIMER PLANO

Con la disputa con Revenue Canadá vino todo un año de problemas de publicidad para Amway. Periódicos y programas de televisión, en su mayoría con una inclinación abiertamente liberal, usaron nuestro problema con las autoridades de impuestos canadienses como trampolín para toda clase de críticas injustificadas.

Una tormenta de serios ataques llegó como una serie de historias en el *Detroit Free Press* en otoño de 1982. Con un titular en agosto que decía "Complot de Amway para estafar a Canadá en millones" y una historia sobre "el esquema de Amway"; el periódico de izquierda inició una guerra contra nosotros. En octubre, otra serie trató de tildar a Amway como un esquema religioso de pirámide. El comportamiento de algunos distribuidores destacados fue tomado fuera de contexto y ridiculizado. Buscaron a desertores de Amway con problemas familiares o financieros y culparon a Amway por sus problemas. Sin importar que la FTC había dictaminado que Amway no era un esquema de pirámide ilegal. Sin importar tampoco las miles de personas que habían obtenido unidad familiar y disfrutaban de éxito por medio de Amway. Esas historias no venden periódicos tan bien como las que afectan a los negocios prósperos.

Hay quienes tienen experiencias negativas con cualquier organización grande como Amway y quedan con una mala impresión de toda la organización. Aunque podemos trabajar para reducir esos casos, no se pueden eliminar todos. Y desde luego están los distribuidores, incluso en niveles altos, que dirán y harán cosas inapropiadas. Con millones de distribuidores a nivel mundial, es difícil mantenerlos todos en línea. Debido a la estructura de la organización Amway, la influencia que el liderazgo corporativo tiene sobre los distribuidores debe ser predominantemente indirecta. Los distribuidores de Amway no son empleados, sino propietarios independientes de empresas vinculadas entre sí por medio de un grupo de productos en común y de entusiasmo por la libre empresa.

Evidentemente, las diferencias ideológicas estaban afectando el estilo de los periódicos. Anteriormente, en un artículo de primera página en Junio 15 de 1980, *Detroit Free Press* me había descrito como "el conocido genio financiero de Amway", "el serio de dos, el bravo con la mente matemática y alarmantes discursos acerca de las fuerzas destructivas de un gobierno central entrometido". No sabía que era tan bueno. Debo admitir que los discursos eran alarmantes, pero sólo para alguien que piensa que el gobierno es demasiado pequeño, demasiado débil y demasiado discreto.

Obviamente, nuestra compañía estaba siendo atacada porque éramos un ejemplo sobresaliente de lo que puede hacer la libre empresa cuando se le permite trabajar. Las historias de la *Prensa Libre* apestaban a tácticas de desprestigio. Rich y yo tomamos la ofensiva. Limpiamos una vieja sala de juntas y comenzamos a utilizarla como un centro de manejo de crisis. Equipados con teléfonos y máquinas de fax, la llamada "sala de guerra", permanecía llena las veinticuatro horas mientras buscábamos contrarrestar la crisis de publicidad encendida por el problema con Revenue Canadá. Lanzamos una "campaña de verdad" en un esfuerzo por contrarrestar las múltiples acusaciones que se hacían en nuestra contra. Desde la cubierta de mi casa de verano, yo escribía la copia de anuncios de página completa que poníamos en periódicos americanos y canadienses para hacer saber la verdad.

Los años 1982 a 1985 fueron un tiempo de mucha prueba para mí. Sentí la necesidad de tomar el control de la situación pero parecía estar en manos de los grandes medios. Desde la primera crisis de publicidad hubo un sentimiento de rivalidad entre nosotros y los medios. Al comienzo Rich y yo estábamos indignados, luego frustrados por el poder que los periódicos y la televisión tenían sobre el público americano. Los periódicos y la televisión tenían la habilidad de definirnos para el público, para presentar una imagen falsa de lo que se trataba Amway. Revenue Canadá les proporcionó a los editores de periódicos y productores de televisión que se oponían a la libre empresa, la oportunidad de hacer evidentes sus puntos de vista mientras destrozaban a dos hombres que tenían un punto de vista diferente al de ellos. A veces nos sentíamos completamente impotentes. ¿Qué se hace cuando la prensa está completamente desviada? ¿Cómo corrige uno las percepciones negativas del público generadas por una serie de artículos equivocados? Yo podía enviarle una carta al editor, que podían o no imprimir, siete días después, en una ubicación mucho menos prominente que donde apareció la historia inicialmente. Los esfuerzos que hacíamos para corregir la historia por medio de contrapublicidad eran costosos y no tan efectivos como los artículos de primera plana en un periódico. Estamos en una clara desventaja cuando no tenemos el acceso a los ojos y oídos de las personas que tienen los grandes medios. Las firmas de redes de mercadeo como Amway también sufren por la parcialidad de los medios en su contra, sólo porque las firmas de redes de mercadeo pocas veces compran publicidad en un medio de comunicación. Mientras que los periódicos y otros medios pueden verse amenazados por la pérdida de millones de dólares en publicidad si se van en contra de las compañías tradicionales con reportajes sensacionalistas, tienen menos que perder si atacan a firmas como Amway.

Nuestra "campaña por la verdad" definitivamente tenía un éxito limitado sólo porque la publicidad no puede competir contra las historias de primera página. Una de las pocas opciones que nos quedaban era un pleito contra el *Detroit Free Press*. Ésta era una estrategia arriesgada porque el periódico siempre podría usar la demanda en nuestra contra al presentarla como una acción loca e infundada. "¿Qué, no crees en la libertad de prensa?" pueden decir. Desde luego que sí, pero cuando esa libertad se usa para causar daño desmedido e injustificado a la reputación de personas y compañías, creemos que una demanda es un recurso legal adecuado. Así que amenazamos al *Detroit Free Press* con una demanda por $500 millones de dólares (el cual luego redujimos porque podía afectar el caso en curso en la corte con Revenue Canadá), y Rich incluso ordenó que el *Detroit Free Press* fuera eliminado del Amway Grand Plaza Hotel. Los problemas que enfrentamos en esos años nos alertaron sobre la importancia de los medios y su habilidad para afectar al público. En el interés de la libertad, debemos perseverar en la libertad de prensa, pero la prensa debería comprometerse a usar responsablemente su poder. En lugar de bombear sensacionalismo e historias por ese estilo, los medios deben reportar lo que realmente son las noticias, de forma veraz. Si los periodistas y presentadores de noticas demuestran honestidad y autocontrol, el pueblo americano seguirá confiando en los medios.

## UN EQUILIBRADO *60 MINUTES*

El 9 de Enero de 1983 enfrentamos la posibilidad de incluso tener más problemas de publicidad. Fue la noche del domingo en que el programa de televisión *60 Minutes* emitió "Jabón y esperanza" un segmento dedicado a Amway. No estábamos seguros de qué esperar, pero nos alegró mucho cómo salieron las cosas. El programa presentó a Amway de forma justa y equilibrada. Nos dispusimos a cooperar desde el comienzo y pensamos que esto nos ayudó en algún grado.

Mike Wallace nos entrevistó a Rich y a mí para el programa, al igual que a varios ex distribuidores descontentos con Amway. Pero fuimos cautelosos con las tácticas de entrevista de Mike, y nos aseguramos de estar bien preparados para sus visitas. Buscamos a Walter Pfister, ex vicepresidente de ABC, para que nos entrenara para una entrevista. "Si la gente de Amway no habla por sí misma" dijo Wally, "alguien más lo hará por ellos... Creo que si la compañía no tiene nada que esconder... y tiene portavoces que se expresan bien, ¡entonces háganlo!". Muchos ejecutivos han sido sorprendidos fuera de guardia por entrevistadores habilidosos, y sus respuestas confusas y defensivas pueden dar una mala impresión a la audiencia de televisión. Así que Wally y su taller ejecutivo de Televisión en New York se aseguraron de que estuviéramos listos. Pero, conscientes del posible resultado negativo, nos aseguramos de que una cámara de Amway también grabara la entrevista. Si los editores de CBS sesgaban las cosas en una dirección engañosa, nos aseguraríamos de saberlo. Pegada tras el equipo de *60 Minutos* en su recorrido por nuestras instalaciones de Ada, había otra cámara, grabando lo que CBS filmaba. No todo lo que mostró el segmento fue positivo, de hecho, hubo suficientes cosas negativas para enfadar a algunos distribuidores.

Pero, debido a la reputación de Mike Wallace, nos complació haber salido con una imagen tan buena. Se solía decir que "sabes que vas a tener un mal día cuando llegas a tu oficina y encuentras a Mike Wallace y el equipo de *60 Minutos* esperándote". Después de su visita, pudo decirles a los reporteros, anfitriones de programas de entrevistas y otros que sus "ideas erradas preconcebidas" acerca de Amway no eran ciertas. "Encontramos que los productos (de Amway) son buenos, y que no son una operación piramidal", le dijo a un reportero. Wallace le dijo, también a Ted Koppel:

> "Creo que una empresa se sirve mucho mejor a sí misma cuando es comunicativa aprovechando sus oportunidades a menos que tenga algo que esconder... Déjame darte ejemplos. La Corporación Amway sintió que tenía algo que ganar justificándose lo mejor que pudiera. No pidieron las preguntas antes de la entrevista, no pidieron privilegios especiales de edición. Fueron comunicativos, abrieron sus registros contables y nos abrieron sus plantas. Y como consecuencia, puedes hablar con estas personas y ellas lo dirán, probablemente no fue la transmisión que nos hubiera gustado ver pero fue justa, equilibrada, precisa y probablemente nos hicimos un bien a largo plazo".

## GOLPEADOS POR DONAHUE

Desafortunadamente no todos en los medios tienen la imparcialidad de Mike Wallace. Lo supimos a las malas el 20 de Abril de 1983, cuando Rich fue entrevistado en el *Phil Donahue Show.* (¿Alguien se acuerda de él?) Lo que pensamos que sería una oportunidad para contrarrestar los informes negativos de los medios de los últimos meses terminó siendo gratuitamente algo en contra de Amway. Yo había decidido no salir en el *Donahue Show*, y había animado a Rich a no hacerlo. En mi opinión Donahue y personas como él no son confiables, buscan algo con qué entretener a sus oyentes y el entretenimiento a menudo es a expensas del invitado al programa. Al participar sentía que nos estábamos prestando para una mala publicidad. Pero Rich pensó que debía salir. Donahue va a producir el programa con o sin nosotros, y por lo menos debíamos poder defendernos si alguno de los dos hacía acto de presencia.

Éramos conscientes que él iba a repasar las quejas de ex distribuidores de Amway que sentían que la oportunidad de Amway había sido tergiversada para ellos. Rich había acordado salir en el programa con la condición de que le permitieran presentar nuestra posición en una entrevista frente a frente de cinco a diez minutos con Donahue antes de salir a la audiencia. Ése era el formato usual para el programa de Dunahue, y no anticipamos ningún problema. Durante la entrevista Rich, admitió libremente que había habido algunos distribuidores que habían violado nuestras reglas de conducta y luego explicó que teníamos una solución. Habíamos establecido un programa de diez puntos para corregir presentaciones tergiversadas entre nuestros distribuidores, desde amplio asesoramiento hasta la terminación total de un distribuidor en algunas situaciones.

En lugar de cumplir con nuestro acuerdo, Donahue nos sorprendió. Después de mostrar un corto de nuestras manifestaciones del programa *60 Minutes*, se saltó la entrevista preliminar y pasó directo a la audiencia. Rich fue posicionado en medio del escenario con un grupo de distribuidores de Amway a su derecha y un grupo de descontentos ex distribuidores de Amway a su izquierda. Lo que pudo haber sido una discusión inteligente pronto se convirtió en un circo, ya que Donahue permitía que el lado de la audiencia contra Amway interrumpiera y gritara repetidamente a Rich. Luego descubrimos que Donahue y sus productores habían entrenado anticipadamente al lado en contra de Amway, animándolos a ser "muy, muy enfáticos". En varias ocasiones Rich comenzaba una frase, sólo para ser cortado agresivamente por otro ex distribuidor que creía que Amway por algún motivo le había traído problemas familiares personales o dificultades financieras. Esas personas citaban estadísticas que no podían respaldar, ni iban a hacerlo, y hacían acusaciones fuertes contra Rich y en contra de Amway que eran completamente infundadas. Para empeorar las cosas había cinco micrófonos activos al mismo tiempo, uno para Rich, uno para Donahue, y tres más para el estudio y espectadores que llamaban. A pesar de todo esto, concluimos que después del programa Amway había salido con buena imagen debido a que el lado en contra de Amway se había comportado muy mal. Durante el programa Rich y nuestros distribuidores de Amway fueron amables y estuvieron calmados, mientras que el otro lado actuó de una manera completamente incivilizada.

William Rusher, un columnista para *National Review*, comentó que Donahue "debió haber tenido un mal día cuando Rich DeVos salió al aire... Nunca había visto a un invitado de televisión haber sido pisoteado tan fuertemente". La penosa experiencia de una hora fue una verdadera prueba de la paciencia de Rich. Nunca tuvo la oportunidad de responder por completo ninguna de las acusaciones infundadas que le hicieron y Donahue se rehusó a controlar el lado en contra de Amway para dar pie a una discusión justa. Dijo Rusher: "DeVos se sentó ahí por una hora como con un micrófono en su solapa, tratando obstinadamente de iniciar una frase en respuesta a una pregunta que le arrojaran, mientras que viejas regañonas le gritaban jurando solemnemente que sus familias habían sido destruidas por sus maquinaciones. De vez en cuando, Donahue, en lugar de insistir que DeVos tuviera la oportunidad de hablar, lo sacaba de su miseria mirando a los altoparlantes y preguntando '¿Está ahí la llamada?'

DeVos debe ser una persona más tranquila que yo, porque después de casi media hora de esas necedades yo habría desconectado mi micrófono, se lo habría dado a Donahue y le habría dicho que con gusto aparecería en su programa cualquier día en el que tuviera tiempo para mí y me habría ido".

Hubo algunas personas valientes que llamaron al programa para respaldar a Rich. Algunos dijeron cómo Amway había provisto para sus familias en tiempos difíciles. Otros hicieron énfasis en la necesidad de trabajar duro para tener éxito, un concepto que muchos de los antiguos distribuidores de Amway no habían entendido. "Tenía diez años en Corporate América", dijo una persona que llamó. "En cada reunión semanal de gerencia a la que iba, decían, 'trabaja duro y vas a tener éxito'. Todas las empresas en América les dicen lo mismo a sus nuevos empleados. Siento que Amway está llevando injustamente la peor parte porque salen en público en sus reuniones y dicen 'trabaja duro y tendrás éxito'".

Muchas personas pensaron que Rich hizo un muy buen papel en el programa de Donahue, a pesar de la persecución del grupo anti-Amway y de la tácita aceptación a su comportamiento rudo por parte de Donahue. Después de eso Bárbara Bush le escribió a Rich una pequeña postal que decía "¡DeVos-10, Donahue-0! Con cariño, Bárbara". Las personas que entienden lo que estamos tratando de hacer con el concepto de Amway no prestan ninguna atención a críticas infundadas.

## LLAMADAS DE ADVERTENCIA

Todos estos eventos a comienzos de los años ochenta nos forzaron a retroceder y darle una cuidadosa revisión a la empresa. En cierto sentido fueron llamadas de advertencia. Es fácil olvidar cómo nos vemos desde la perspectiva del mundo, y el problema con Revenue Canadá, las críticas (así fueran injustificadas o injustas) en la prensa, y los otros problemas de publicidad nos ayudaron a Rich y a mí a ver cómo veían los demás a Amway. Como Rich lo dijo en1982: "Nos ayudó a ver cómo ven los demás nuestros defectos". Siempre hay espacio para mejorar, y reconocimos muchas áreas en las que Amway podía hacer un mejor trabajo.

Creo que la publicidad negativa en los medios sacó a Amway del closet. Amway era grande y visible y ya no podíamos contar con un bajo perfil que nos salvara de la atención de los medios. Como consecuencia, nos vimos forzados a ser más profesionales en el trato con asuntos y relaciones públicas. Revenue Canadá en realidad nos sorprendió fuera de guardia. No teníamos agencia de relaciones públicas en Canadá y no habíamos invertido mucho tiempo en decirles a la gente y al gobierno canadienses quiénes éramos y qué estábamos haciendo por Canadá. Esto nos lastimó terriblemente cuando los titulares comenzaron a apalear a Amway. Al no tener mucho conocimiento previo de la empresa, bueno o malo, el público aceptó abiertamente los titulares en sentido literal.

A Rich y a mí nos afectó toda la mala publicidad. A veces me pregunto cómo logramos superar ese tiempo Rich y yo. Era un tiempo de estrés mental y físico que a mí personalmente me desgastó y casi mata a Rich. No creo que ninguno de los dos vio cuán estresante había sido todo hasta cuando Rich tuvo su primera temporada de problemas cardiacos en 1983. La carga que yo estaba llevando aumentó diez veces más al añadir mi profunda preocupación por Rich a todas mis ansiedades de la empresa. Rich pronto volvió a estar saludable bajo el cuidado de hábiles cirujanos, pero después de eso revisamos más cuidadosamente nuestra carga de trabajo y delegamos más responsabilidad a otros. Nos vimos forzados a entender que no podíamos luchar personalmente con los medios y las autoridades canadienses de impuestos y administrar una empresa de miles de millones de dólares al mismo tiempo. Muchos propietarios de empresas no se apegan de forma tan personal a sus negocios y habrían tirado la toalla. Rehacer la imagen pública de una empresa ante medios abiertamente hostiles no es tarea fácil, y Rich y yo estábamos en un punto donde habríamos podido vender y retirarnos. De hecho, mientras todavía estábamos recuperándonos de unas de las oleadas de los medios, una empresa comercial japonesa se nos acercó con una oferta por Amway. Rich y yo habríamos recibido, cada uno, un billón de dólares en efectivo. Bill Nicholson había estado en New York conversando con esta firma por varias semanas, y finalmente se nos acercó un día para tener una respuesta final. Así que Rich y yo revisamos la idea por uno o dos minutos y decidimos: "No, Bill, queremos conservarlo todo". En los negocios hay momentos cuando se debe empacar y pasar a otra cosa. Rich y yo vendimos los Servicios Aéreos Wolverine después de tres años porque sentimos que el periodo de rápido crecimiento se estaba acercando a un final decisivo y también porque queríamos ver el mundo. Vendimos nuestro primer negocio de importaciones y la empresa de Productos Stone Mill porque llegaron mejores oportunidades. Cerramos la Compañía de Juguetes de Grand

Rapids porque sencillamente no le estaba yendo bien. No es que Rich y yo nos aferráramos a Amway sólo porque éramos renuentes a vender una empresa que habíamos iniciado. Nuestra persistencia con Amway en medio de los buenos y malos tiempos era el resultado de una fe en los conceptos básicos detrás de Amway y en las personas que hacían que esos conceptos funcionaran. Estábamos seguros del potencial del plan, y sabíamos que nunca podríamos, con buena consciencia, recoger nuestras cosas e irnos a casa. Nuestra determinación pronto dio resultados. Amway había recibido una paliza de los medios tras nuestros problemas con Revenue Canadá, pero pasó poco tiempo antes que Amway volviera con una oleada de nuevo crecimiento mucho del cual provino de otros países.

## CAPÍTULO 10

# LOS NEGOCIOS COMO UNA LUZ RESPLANDECIENTE

En 1965, el gobernador de Michigan, George Rommey, lanzó la "Operación Europa", con el objetivo de aumentar las oportunidades de negocio para Michigan en el mercado europeo. En realidad no habíamos considerado que Amway fuera internacional, pero durante la Operación Europa comenzamos a entender que nuestra estrategia de ventas de persona a persona se podía aplicar en todo el mundo. Así que aprovechamos plenamente la oportunidad haciendo algunos viajes alrededor del mundo para encontrar nuevos mercados en el exterior. Buscamos países con una amplia clase media, y la capacidad adquisitiva para nuestros productos. Los países también debían ser políticamente estables, sin elevadas tasas de impuestos. Contratamos a Austen Woods como nuestro gerente internacional y junto con Casey Wondergem, quien ahora es el Director Principal de Asuntos Públicos, y Bob Hooker, comenzamos nuestra operación en el exterior en Australia y el Reino Unido.

La expansión internacional de Amway nos permitió a Rich y a mí extender a otros países de todo el mundo los principios de la creación de riquezas al estilo americano. Vimos la conversión de Amway en una corporación multinacional como algo positivo para los Estados Unidos y los países en los que hicimos negocios. El comercio internacional le permite a cada país hacer lo que hace mejor y compartir beneficios con clientes de todo el mundo. Benjamin Franklin escribió: "Ninguna nación se ha visto arruinada por el comercio", pero algunas naciones se han arruinado por no tener suficiente.

Las empresas multinacionales funcionan como embajadoras de la libertad económica donde quiera que hagan negocios. Cuando las compañías de Estados Unidos comparten algunos de los beneficios del Capitalismo al estilo americano con los clientes de otras naciones, inevitablemente junto con los bienes se lleva una publicidad de libertad. Personas bajo regímenes autoritarios no pueden hacer más que apreciar la libertad cuando ven la calidad de los productos de consumo masivo que vienen de naciones libres.

Desde luego, los líderes de regímenes represivos reconocen este hecho e impiden que las empresas multinacionales hagan negocios dentro de sus fronteras. Las firmas multinacionales que logran establecerse en un país estatista deben contender con burócratas corruptos, elevados e inconsistentes impuestos, mala infraestructura y regulaciones exasperantes y sin sentido. Así que cuando Rich y yo buscamos países en los cuales expandirnos, buscamos primero aquellos países que eran más amigables con la empresa privada. Pero el plan de Amway desde entonces ha sido notablemente exitoso incluso en naciones autoritarias. Hoy, estamos viendo gran éxito en la República Popular de China. A medida que Europa Oriental y la antigua Unión Soviética siguen abriendo sus puertas a empresas extranjeras, también nos estamos expandiendo en esa dirección. Mi amigo Dick Lesher, ex presidente de la Cámara de Comercio de los Estados Unidos, comentó que "Amway ha tenido un impacto en todo el mundo al predicar la libre empresa. Son la vanguardia, tan pronto una puerta se abre un poco, están dentro. Muchas personas en esos países trabajan con Amway porque es la forma más rápida de cambiar su calidad de vida".

Una de las mayores barreras en los negocios internacionales es la brecha de comunicación. Y no hay mejor forma para superarla en el mundo que por medio de la Música y las Artes. Rich y yo lo creemos firmemente. Apoyar las artes es ayudar a establecer un lenguaje universal de entendimiento entre naciones. Así que en Febrero de 1982 cuando Amway tuvo la oportunidad de patrocinar el tour europeo de la Orquesta Sinfónica Nacional de Washington, lo aprovechamos de una vez. El tour cubría ocho países y dieciséis ciudades y presentaba al excelente y hábil director ruso Mstislav Rostropovich. El tour de la sinfónica realmente fue un vástago para el Bicentenario de Los Países Bajos y Estados Unidos en 1982, del cual hablaré luego.

Yo quería patrocinar una exhibición de arte para talentos jóvenes contemporáneos de Estados Unidos en el museo Stedelijk en Ámsterdam. Rich, quien, junto con su esposa Helen, han sido unos generosos patrocinadores de la Sinfónica de Grand Rapids, sugirió que Amway patrocinara ambas cosas, el Arte y la Música. Así que lo hicimos, y con el respaldo de Nancy Reagan, nos encaminamos al Tour por Europa con la orquesta y la exhibición.

## CHELISTA Y LUCHADOR POR LA LIBERTAD

Mstislav "Slava" Rostropovich es un ruso menudo, calvo y entusiasta que se convirtió en un amigo muy querido durante el tour de la Sinfónica Nacional. Pero me tomó un poco de tiempo acostumbrarme a algunos de su modales rusos. Después de dirigir vigorosamente toda la noche en esos calientes auditorios europeos, sin falta él se me acercaba y me daba un enérgico y sudoroso abrazo de oso y un beso.

Las presentaciones eran magníficas. Algunos no esperaban que este excelente chelista condujera con tanta inspiración y habilidad, pero la orquesta y el maestro eran elogiados con ovaciones de pie ciudad tras ciudad y presentaban no menos de dos repeticiones en cada presentación. El concierto del Bicentenario de los Países Bajos y los Estados Unidos en el Concertgebow fue extraordinario. Allí, la orquesta recibió cuatro ovaciones de pie, lo cual es notorio para los holandeses reservados, ¡que no son conocidos por ponerse de pie para aplaudir! En el esplendido Musikverein de Viena sólo había espacio para estar de pie. Slava, sosteniendo su batuta como si fuera el arco del chelo en su mano derecha e indicando los detalles con su mano izquierda, interpretó con vehemente exuberancia cada movimiento de cada sinfonía. Los músicos se superaron a sí mismos, siguiendo al maestro con cohesión y entusiasmo. Slava era positivamente brillante, haciendo justicia a toda la belleza y emoción de la gran Música Clásica.

Pero cuando la gira llegó a Londres, mi amor por la música clásica estaba en peligro. A Slava le encantaba usar las mismas dos repeticiones, una polca de Strauss arreglada por Shostakovich y "Promenade" de Gershwin, y yo no disfrutaba mucho ninguna de las dos, y para entonces las había escuchado por lo menos una docena de veces. Una noche en Londres le dije a nuestro coordinador de patrocino de Amway, Casey Wondergem: "Si tengo que ir a un concierto más esta semana me iré a casa". Entre cada presentación me mantuve ocupado. Me reuní con ejecutivos y distribuidores de Amway en Europa y mantuve una apretada agenda de conferencias. Desde luego el tour fue maravilloso para las sucursales de Amway en Europa. Si hay alguna utilidad para la empresa por medio de patrocinar actividades culturales, entonces mucho mejor. Patrocinar a la Orquesta Sinfónica Nacional fue buena publicidad por sí sola, pero Slava realmente era un héroe del folclor en ese momento, y parecía que cada periodista de los dieciséis países quería entrevistarlo. En ese momento nuestro mercado europeo era nuevo y estaba creciendo rápido. Pudimos llevar a nuestros mejores distribuidores a los conciertos y a las fiestas después de los mismos. El orgullo del distribuidor es muy importante en Europa, y queríamos promoverlo tanto como pudiéramos.

Después de tour, pudimos persuadir a Slava de venir a Ada y darles a los empleados de Amway una presentación privada de chelo. Entre las selecciones clásicas, Slava disertaría sobre la historia de su hermoso chelo, fabricado por Antonio Stradivari en 1711. A los empleados les encantó. No todos disfrutan la Música Clásica, pero Slava creó tal aprecio en su audiencia ese día que al final de la presentación todos se pusieron de pie para aplaudirlo.

Antes que Slava desertara de la Unión Soviética, hizo un tour con la Filarmónica de Moscú y enseñó en el famoso conservatorio de la misma ciudad. Tenía un talento merecedor de premios, pero su abierto apoyo a los disidentes soviéticos y su amistad con Alexander Solzhenitsyn le generaron la desaprobación por parte de altos oficiales soviéticos a comienzos de los años 1970. Se cancelaron los conciertos y tours en el extranjero, se descontinuaron las grabaciones, y a la prensa soviética, la televisión y la radio se les prohibió publicar su obra. Slava y su esposa, la mundialmente famosa soprano Galina Vishnevskaya, le escribieron una carta abierta a Leonid Brezhnev denunciando ese tratamiento opresor y solicitándole el permiso de viajar al exterior por dos años. En 1978, después de varios años en el extranjero, los Rostropovich fueron despojados de su ciudadanía por "actos dañinos al prestigio de la Unión Soviética". Cuando él desertó, la Unión Soviética perdió a un gran director, chelista y pianista. Su esposa desertó con él y privó a los soviéticos de otro virtuoso. Hoy la pasión de Slava por la libertad se ve en su dirección. "¡Ah paradoja!" Escribió un comentarista francés, "que Slava hubiera tenido que exiliarse en el otro lado del mundo, en las orillas del río Potomac, para poder glorificar el espíritu ruso en perfecta libertad".

Después de venir a los Estados Unidos, Rostropovich había hablado elocuentemente en contra del totalitarismo. Había visto cómo éste puede destruir el talento eliminando incentivos y manejando equivocadamente el notable poder de pensamiento que la Unión Soviética tenía a su disposición. Cuando Slava y yo hablábamos acerca de la libertad, esto surgía en nuestra conversación. Sólo en una sociedad libre el talento artístico como el de Slava puede dar fruto y enriquecer las vidas de cada persona. Una economía de libre empresa genera tal riqueza que la gente puede adquirir la obra de actores, artistas, músicos y otros. Las personas talentosas que no pueden encontrar suficientes compradores para su obra encontrarán, en una economía libre, personas con pensamiento filantrópico que los apoyarán. El socialismo los mantiene a todos (excepto a la élite política) bajo una calidad de vida tan baja que no pueden apoyar a los artistas. En una economía estadista, esto se usa como excusa para cargar incluso más impuestos al pueblo para que se pueda destinar dinero para las Artes. Desde luego, el gobierno no ha demostrado ser especialmente buen juez de qué es arte "bueno" o "malo", prefiriendo desperdiciar el dinero en cualquiera que lleve un pincel, una cámara o una batuta. A veces el dinero cae sobre alguien con verdadero talento, en lo cual el artista corre el riesgo de convertirse en un dependiente del estado sin inspiración. Más a menudo parece caer sobre personas que piensan que cualquier cosa caótica, blasfema, repugnante o violenta, califica como "Arte".

Al patrocinar la Orquesta Sinfónica Nacional, Amway estaba actuando en el papel de embajadora de la libre empresa. Esperábamos que todos los que se sentaran en un auditorio europeo a escuchar la orquesta notaran dos cosas. Primero, a Slava Rostropovich, un ejemplo de un hombre una vez oprimido por el estatismo y ahora libre para usar plenamente sus habilidades. Segundo, financiamiento hecho posible por el sistema americano de libre empresa el cual trabajaba para promover esos eventos culturales que hacían la existencia humana más agradable.

## DIPLOMACIA ECONÓMICA

El patrocinio de empresas a eventos embajadores como el tour de la Orquesta Sinfónica Nacional no sólo promueven la acreditación de la empresa en mercados extranjeros, sino también disminuyen la resistencia a las políticas de libre empresa en esos mercados. Es más, los eventos pueden proporcionar un foro para reuniones internacionales entre líderes de gobiernos y de empresas, lo cual puede llevar al progreso por medio de relaciones pacíficas y acuerdos de comercio mutuamente benéficos. Y ¿quién puede objetar algo así, especialmente cuando hay excelente música de por medio?

En 1992, serví como comisionado general y embajador para la Génova Expo, la Feria Mundial en Génova, Italia, conmemorando el aniversario número quinientos del viaje de Cristóbal Colón a América. En la primavera de 1989 Bruce Gelb, de la Agencia de Información de los Estados Unidos, me buscó para que trabajara cerca de él en el proyecto. Él sabía acerca de mi trabajo con el Bicentenario de Los Países Bajos y Estados Unidos y de mi amistad con el embajador de los Estados Unidos en Italia, Peter Secchia. Desde luego, siempre he tenido interés en la historia y el destino de Colón, el Caribe siempre ha sido mi lugar favorito. Así que accedí a respaldar la exposición y servir como comisionado general. Como iba a estar en una misión oficial en el extranjero por varios meses, también me dieron el rango personal de embajador.

Me dieron el título de "Su Excelencia", el cual traté con Betty pero a ella no le pareció que se me ajustara. (¡Probablemente habría funcionado si yo hubiera accedido a llamarla "Su Señoría"!) Ser embajador era un trabajo que siempre había deseado pero nunca había podido obtener. En 1988 el Presidente Reagan me había considerado para ser embajador en el Caribe (Los Estados Unidos tienen una embajada en Barbados para servir a las islas del Caribe). Tristemente rechacé la oportunidad debido a mis restricciones de tiempo. Después de ser nombrado comisionista general por George Bush en Agosto de 1989, me tomaron el juramento, ¡dos veces! La primera vez fue un juramento informal que hice en la cubierta de mi casa de verano en el lago Michigan. Betty y yo estábamos presentes con Bruce y el embajador Secchia. Esa ceremonia fue sólo para que yo quedara oficialmente vinculado para poder firmar los documentos y cosas similares. La segunda vez que "preste juramento" fue simplemente una ceremonia formal hecha principalmente para beneficio de la prensa. La primera vez fue mucho más divertida. Peter me presentó con una enorme pompa oficial y pasamos un gran tiempo riéndonos al respecto y especulando acerca de sus muchos usos potenciales.

El proyecto Génova fue muy divertido para mí, pero a veces era muy molesto trabajar con la burocracia. Teníamos a John Gartland de nuestra oficina en Washington viviendo y trabajando en Italia casi de tiempo completo como comisionado general encargado. Él había demostrado sus capacidades durante el Bicentenario de Los Países Bajos y Estados Unidos siendo la clase de persona que podía trabajar con la burocracia del gobierno para lograr hacer las cosas, y tuvo un desempeño igual en la exposición de Génova. Incluso nos mantuvo dentro del presupuesto, ¡una maravillosa hazaña para la Feria Mundial! Como el principal patrocinador del Pabellón de los Estados Unidos, Amway tuvo una gran participación en la Feria Mundial ese año, y yo estaba muy orgulloso del trabajo que John y otros hicieron en ese proyecto.

## REESCRIBIENDO LA HISTORIA

La mayoría de proyectos, internacionales y de otra clase, en los que Rich y yo hemos tomado parte han tenido un componente educacional importante. A veces aprendo mucho de esos proyectos, como fue en el caso del proyecto en Génova, el cual me abrió los ojos a un fenómeno que viene ocurriendo recientemente, en que se pretende hacer una reescritura masiva de algunos eventos de la Historia. En gran parte para mi descontento, Colón está siendo retratado en los libros de Historia moderna como más o menos un violador del siglo quince. Algunos escritores sugieren que cada mal que ha sucedido en el Nuevo Mundo desde 1492 puede estar relacionado con Colón. De hecho Colón fue más un misionero benevolente que cualquier otra cosa. Los genoveses no solamente estaban motivados por un deseo de abrir mejores rutas de comercio hacia el oriente, sino también de extender el evangelio de Cristo a una parte del mundo que no había sido evangelizada. Colón mismo no sólo era un excelente navegante sino también un cristiano serio. No era perfecto, y quienes lo siguieron tampoco lo eran. Algunos cometieron crímenes serios en contra de los pueblos indígenas de este continente. Pero las ideas y la religión que presentaron sacarían a los nativos americanos de la cueva espiritual, tecnológica y económica en la que habían estado atrapados por milenios. Un amigo mío inventó el término "occidentofobia" para describir el temor a las ideas occidentales que animaron el ataque contra Colón. Ésa es una idea muy inteligente de plantearlo. Los multiculturalistas de nuestras escuelas secundarias y universidades enseñan que ninguna cultura puede ser considerada como superior a ninguna otra. El "multiculturalismo" en realidad es un término equivocado. Si pudiéramos pensar en una palabra que significara "cualquier cultura excepto la occidental", podría descubrir más acertadamente esa filosofía. A pesar de la feroz resistencia de los occidentofóbicos, necesitamos buscar una manera de evaluar las diferentes culturas. Sin ignorar ni rechazar los aportes positivos que diversos grupos de personas añaden al conocimiento y la cultura humana, deberíamos criticar de forma objetiva, justa y comprensiva el comportamiento de todas las sociedades. Si insistimos en la completa igualdad de todas las culturas, entonces nos vemos forzados a aceptar con indiferencia el masivo sacrificio humano de algunas tribus indígenas, las horrendas masacres perpetradas por las hordas mongolas, y los asaltos, las violaciones y los saqueos de los merodeadores vikingos.

Entender que los humanos son inherentemente valiosos porque son hechos a la imagen de Dios nos da un fundamento para los Derechos Humanos. Cuando pensamos en cada persona como alguien que lleva la firma de la mano de Dios, concluimos que el comportamiento salvaje o asesino es obsceno e intolerante. Entender los orígenes del hombre también debería llevarnos a una actitud caritativa y misericordiosa hacia nuestro prójimo, sin importar la raza, el género, la nacionalidad o el nivel social. Desafortunadamente no todas las culturas han tenido el mismo punto de vista.

## VILLA TAVERNA

En 1990 Rich y yo, junto con otros líderes de negocios de Michigan formamos lo que llamamos la Sociedad de Villa Taverna, una organización para recaudar fondos, presidida por Rich, con el fin de reconstruir Villa Taverna, la residencia del Embajador de los Estados Unidos en Italia. La residencia histórica en Roma se había deteriorado con los años, y Peter Secchia, como el nuevo embajador, se avergonzaba de recibir a sus invitados italianos en semejantes instalaciones. El edificio en sí era magnificente, pero estaba terriblemente deteriorado. La pintura y el papel de colgadura se estaban pelando, los tapetes estaban raídos y el cableado y la plomería necesitaban mucho trabajo. El Departamento de Estado no tenía dinero para el trabajo requerido, así que Rich y yo patrocinamos la restauración interesados en la unidad internacional y en promover el estilo de vida americano. Casey Wondergem, que hace gran parte de trabajo de los diferentes patrocinios y recaudación de fondos de Amway, hizo un excelente trabajo como siempre y la Sociedad de Villa Taverna pudo contribuir con $250.000 dólares de más para el proyecto.

Rich y yo pasamos mucho tiempo en Villa Taverna durante la recaudación de fondos, el proyecto de la Exposición de Génova, y después de eso en algunas otras oportunidades. Desde entonces Peter Secchia y yo hemos sido amigos. Peter es un amigo de Michigan, que llegué a conocer por medio de su cercano asocio con el Presidente Ford y el partido republicano de Michigan. Durante la exposición de Génova de 1992 nos hicimos más amigos. Como embajador él presentaba mis discursos y se convirtió en maestro de ceremonias para varios eventos de exposiciones. Me sentía extraño girando cheques para el Departamento de Estado para el Proyecto de Villa Taverna y donando más fondos para el gobierno para el proyecto de Génova. Peter y yo pensamos parecido en muchos temas de gobierno, y en muchas ocasiones nos habíamos quejado mutuamente respecto a la última legislación opresiva dictada por Washington. No disfrutábamos el pensar en enviar más dinero al gobierno federal, pero yo pensé que ese proyecto de Villa Taverna valía la pena. La diplomacia, después de todo, es una función gubernamental legítima. "Es difícil creer que estamos tratando de ayudar al gobierno", me dijo Peter en una ocasión. "Tú en Génova, y yo en Roma. Lo han dificultado mucho. Sin embargo, arreglar esos espacios sí que vale la pena. El siguiente embajador lo disfrutará. El gobierno de los Estados Unidos pronto estará mejor equipado para desarrollar sus funciones diplomáticas. Gracias por tu ayuda".

## DE VUELTA AL VIEJO PAÍS

Todos estos emprendimientos en otros países fueron maravillosos, pero puedes entender por qué mis esfuerzos por celebrar un Bicentenario de Los Países Bajos y Estados Unidos, fue de tanta importancia para mí.

A comienzos de 1980 asistí a un banquete en Filadelfia en el que recibí un premio de la sociedad holandesa de Filadelfia. Las personas con quienes hablé esa noche me convencieron sobre la necesidad de alguna clase de celebración internacional de los doscientos años ininterrumpidos de relaciones amistosas entre los Estados Unidos y Los Países Bajos. En Abril de 1782 la República holandesa fue la segunda nación (después de Francia) en dar reconocimiento diplomático a los nacientes Estados Unidos. Después de la Guerra de Independencia de los Estados Unidos, los bancos holandeses prestaron el dinero necesario para la reconstrucción posguerra y comenzar una revolución industrial. Esos dos actos iniciaron lo que se ha convertido en la relación pacífica libre más larga de los Estados Unidos con cualquier poder extranjero. En honor a mi herencia y cultura holandesa, decidí ayudar a celebrar el Bicentenario de los Países Bajos y Estados Unidos en la forma que pudiera.

El primer paso fue reunirme con J. Williams Middendorf II, un ex embajador de los Estados Unidos para los Países Bajos y otras personas para establecer una organización privada sin fines de lucro llamada la Fiducia de Amistad de los Países Bajos y Estados Unidos. Charles Tanguy, un oficial retirado de los servicios extranjeros del Departamento de Estado, fue el director ejecutivo. A comienzos de 1981, formamos la Comisión Bicentenaria de los Países Bajos y los Estados Unidos. Yo fui elegido su Presidente Nacional y luego el Vicepresidente George Bush amablemente aceptó nuestra invitación como presidente honorario.

Como el presidente estaba intentando recortar los gastos nacionales, la mayoría del dinero para las festividades americanas debía provenir del sector privado. Bill Moddendorf, Wynant Vanderpool, Case Wondergem y Bill Alrich, trabajaron duro para obtener $1,2 millones de dólares de donantes privados, ¡demostrando que no se necesitan fondos del gobierno para realizar una buena fiesta! Contribuyentes generosos, desde corporaciones hasta individuos nos permitieron organizar un tour de orquesta, una competencia de yates, exhibiciones de Arte y exhibiciones históricas especiales en los Estados Unidos y los Países Bajos.

## CONTACTO CON LA REALEZA

En el curso de los eventos alrededor del Bicentenario de los Países Bajos y Estados Unidos, Betty y yo tuvimos el privilegio de conocer a su Real Majestad, la Reina Beatrix de los Países Bajos. ¡La primera vez que la conocimos, ella nos hizo una invitación de ir a su palacio a tomar el té!

Imaginé que una visita al Palacio de la Haya era algo como una visita a la Casa Blanca, pero la experiencia resultó ser muy diferente a lo que había esperado. Una visita a la Casa Blanca implica una revisión de seguridad de seis niveles y una vigilancia constante por parte del servicio secreto. Los Países Bajos son claramente un lugar más sano, no hay nada como la paranoia que encierra la Casa Blanca. Simplemente entré por una puerta que daba a la calle a una antesala, y ahí estaba Su Alteza esperándome en la habitación contigua. Nos sentamos y me asombró ver que ella misma se sirvió el té, no había mayordomos esperándonos. La visita fue muy relajada, más como visitar a tus vecinos que a la realeza, pensé.

Aunque hablo un poco de holandés, el inglés de Su Majestad es excelente, así que tuvimos nuestra conversación en ese idioma. Discutimos sobre el Bicentenario, desde luego, y sobre cuál iba a ser la parte de Su Alteza en el mismo. Como Presidente del Bicentenario para los Estados Unidos, yo tuve que hacer los arreglos para todos los eventos en los Estados Unidos. Mi audiencia con la Reina Beatrix tenía la intención de persuadir a Su Alteza para que visitara los Estados Unidos como parte especial de las festividades del Bicentenario, y me encantó escucharla acceder entusiasmada a hacer dos visitas por separado.

Después de esa reunión con la Reina hubo varios eventos sociales. El primero fue la presentación de la Orquesta Sinfónica Nacional en Ámsterdam, en el Concertgebouw Music Hall. Sabiendo que iba a ingresar con la Reina, me preocupaba hacerlo bien. Para mí tenía sentido dejarla entrar antes de mí mientras la seguía pero justo cuando estábamos por hacer la gran entrada, ella se volvió y dijo: "Ahora usted debe ir delante de mí, es la forma como debe hacerse". Naturalmente, obedecí, pero me sentí extraño, ya que siempre me habían enseñado a dejar que las mujeres entraran primero a un salón.

Los momentos más destacados del año del Bicentenario fueron las visitas de abril y junio a los Estados Unidos por parte de la Reina y su esposo, el Príncipe Claus. Su visita oficial de cinco días en abril marcó la primera visita a los Estados Unidos en treinta años por parte de un monarca holandés en oficio. Abril 21 fue declarado Día de la Amistad en Washington, D.C. y se realizaron eventos durante todo el día en honor a las relaciones entre Estados Unidos y Holanda.

En realidad fue la Reina Beatrix quien me presentó al entonces Vice Presidente y a la señora Bush. La Reina, el Príncipe, y Betty y yo disfrutamos de una tarde en la Galería Nacional de Arte en Washington, D.C., después de la cual tuvimos el placer de pasar la tarde en la casa de los Bush. La cena fue exquisita, como se esperaría cuando un vice presidente está atendiendo a la realeza. En honor a Su Majestad la Reina Beatrix, la bandera de colores rojo, blanco y azul de los Países Bajos estaba al lado de la bandera de colores rojo blanco y azul de los Estados Unidos en cada puerta.

La Familia Real de los Países Bajos fue la primera familia real con la que disfruté de una relación cercana, aunque durante el tour de la Orquesta Sinfónica Nacional tuve el placer de conocer al Rey de Bélgica y algunos de la Familia Real Británica. Cada vez que nosotros los americanos nos encontrábamos con la "Reina Bee", (como algunos llegamos a llamarla), nuestra admiración y amor por ella seguía creciendo. Admirábamos su amable sonrisa, su energía sin límite, sus modales cálidos pero serios, ¡y su amplia colección de sombreros!

Pero aprendí que estar con la realeza te pongan en la mira para la clase de tratamiento de tabloide con la que ellos tienen que tratar todo el tiempo. Una mañana mi asistente me entregó una copia de un "periódico" belga con una gran foto de Su Majestad y yo a bordo de nuestro avión con un titular, en francés, que decía algo como "Millonario americano corteja a la Reina Beatrix". Adentro había más fotos y comentarios mostrándome ingresando a La Haya con la Reina y de Su Majestad en la recepción en Grand Rapids. El intento por vincularnos románticamente nos hizo reír a todos menos a Betty. Después ella se sintió mejor cuando la Reina le dijo que nadie en los Países Bajos toma en serio a esos tabloides.

La verdadera diversión comenzó con la visita oficial en junio por parte de la pareja real. Por dos semanas la Reina y su esposo recorrieron los Estados Unidos de costa a costa. Mi parte favorita del recorrido fue su aparición en Grand Rapids, que junto con el pueblo vecino Holland tenían todo un día de festividades planeado, y Gerald Ford incluso voló desde su casa en California para darle a la Reina un recorrido en persona por el Museo Presidencial Ford en Grand Rapids. La Reina y el Príncipe fueron mis invitados en la recepción en el Amway Grand Plaza Hotel. Al siguiente día hubo una regata de botes en el lago Macatawa y el lago Michigan, así que la Reina Beatrix estuvo complacida al ver que habíamos hecho arreglos para que estuviera en el centro de la acción a bordo del Guardacostas Cutter con el Congresista Guy Vanderjagt y su esposa.

También fue un deleite real para mí el haber podido llevar a mi padre de ochenta y seis años de vuelta a su país natal a conocer a la Reina Beatrix. Él era profundamente consciente, creo, de las privaciones económicas que forzaron a sus padres a emigrar a los Estados Unidos en 1910 y estaba orgulloso de regresar triunfante al puerto de donde su padre había partido. La familia Van Andel había tenido un nuevo comienzo en América, pero ninguno de nosotros nunca olvidó nuestra herencia holandesa.

CAPÍTULO 11

# LAS RESPONSABILIDADES DE LA RIQUEZA

Desde finales de los años 1980 *Forbes* y otras revistas nos han incluido a Rich y a mí en sus resonantes listas de billonarios. Rich y yo no hemos confirmado ni negado eso, las revistas tienen la libertad de especular todo lo que quieran, pero no les daremos crédito a sus opiniones por medio de una respuesta. Como Amway es una empresa privada no tenemos que mostrar la misma cantidad de información financiera que una empresa pública. A menudo las cifras de las revistas no son precisas por un amplio margen, y a veces simplemente causan risa. Las adivinaciones cambian drásticamente de año a año e incluso de mes a mes. Por ejemplo, en Julio de 1991, *Forbes* puso la riqueza de Rich y la mía en $4,2 billones de dólares cada uno. Tres meses después *Forbes* revisó sus estimados y redujo la cifra a $3 billones cada uno. En Junio de 1993 Fortune supuso que Rich y yo teníamos $3 billones cada uno, pero en octubre *Forbes* nos listó con $1,75 billones cada uno. Estas cifras ampliamente diferentes surgieron durante un tiempo de crecimiento fuerte y estable para Amway. La publicación de tales listas tiende a ponernos a Rich y a mí en el centro de atención, lo cual tiene sus beneficios (da algo de publicidad positiva para Amway) y sus desventajas (recibimos algunas cartas locas). Cuando fui incluido por primera vez en la lista de billonarios, recibí una carta de siete u ocho páginas de una mujer europea que hablaba cinco idiomas, tenía una excelente educación y había tenido por lo menos dos esposos adinerados. Me contó todo acerca de ella y se presentó en la carta igual como cualquier ejecutivo solicitando empleo. Me dejó bien claro que le gustaría conocerme y dijo que podía hacer mi vida "muy agradable". Se la mostré a Bill Nicholson, quien pensó que era graciosísimo y le hizo una copia para usarla en sus conferencias en universidades sobre cómo presentarse uno a sí mismo. No fue tan divertida para Betty, desde luego, quien habría preferido volar a Europa y decirle a esta cortesana de alta alcurnia que buscara su presa en otra parte.

Estar a la vista del público como una persona adinerada tiene sus verdaderos peligros. Gerald Bremmer, un vecino mío en el lago Macatawa, me escribió a comienzos de 1979 para sugerirme que probablemente era hora de pensar en la protección personal. Por mucho tiempo, Rich y yo habíamos procurado ignorar ese hecho, pero para 1980 habíamos alcanzado tal perfil en la zona que tuvimos que dar el paso de contratar personal de seguridad de tiempo completo. Varias de estas personas, Al Vander Wall, Rod Westveer y Larry Mokma, han estado conmigo y mi familia tanto que a veces parece que son parte de la familia.

Muchos distribuidores de Amway con quienes he hablado quieren saber cómo es ser billonario. Quieren saber, supongo, de los carros deportivos exóticos, las casas por todo el mundo, fines de semana en Mónaco, joyería costosa y aviones privados. Claro que tener esas cosas es agradable y he disfrutado de alguna de ellas. Pero para mí el mayor placer no viene de la infinita adquisición de cosas materiales sino de crear fortuna al darla. La tarea de cada persona en la Tierra es usar todo lo que ha recibido, cada habilidad que tiene, para la Gloria de Dios. Recibimos habilidades físicas y mentales, así como riqueza material que se espera que usemos al máximo y con su mayor potencial. No importa qué tanto o qué tan poco recibamos, sólo importa cómo usamos lo que tenemos. Jesucristo enseñó sobre tres siervos a quienes su amo les confió grandes sumas de dinero. Uno recibió diez "talentos", otro cinco talentos y otro uno. Después de un largo periodo de tiempo, cada uno fue llamado a cuentas. Dos de los siervos, que habían invertido los talentos y habían duplicado el dinero de su amo fueron recompensados generosamente. El tercero, quien había enterrado su talento y no había ganado nada para su amo, fue castigado. El amo lo reprendió porque ni siquiera puso el dinero en el banco donde podría haber ganado intereses.

Así como en la parábola de Jesús, nosotros somos guardianes de todas las riquezas materiales que recibimos. Cada persona debe usar su fortuna para hacer el bien. A veces eso implica dar dinero; otras veces significa construir algo útil. Dar nuestra riqueza puede beneficiar inmensamente a la persona, la organización o la comunidad que la recibe, pero invertir la riqueza en una empresa puede hacer algo que la filantropía no puede. Desarrollar una empresa exitosa crea riqueza. Crear riqueza beneficia a clientes, empleados y propietarios de empresas. Amway gira catorce mil cheques de pago cada semana, haciendo que catorce mil personas y sus familias mejoren. Cada artículo vendido significa que un cliente está mejor. Los empresarios, los coordinadores, los planeadores y quienes asumen riesgos, mejoran si sirven bien a los clientes. Es más, cada una de estas personas puede dar más dinero del que habrían podido dar de otra forma. La gente que tiene éxito crea riqueza y empleos y motivación y movilidad ascendente para bien de muchas personas, no sólo para sus familias y amigos, sino también para muchos otros.

Cuando logras una gran fortuna, tus prioridades cambian. Sólo puedes usar un traje de ropa a la vez; sólo puedes conducir un auto a la vez. Sin embargo dar no tiene límites. La prioridad para Rich y para mí ha sido mantener a Amway como una empresa saludable y próspera. Tenemos una obligación para con los empleados y distribuidores de Amway. Pero más allá de mantener la empresa saludable y rentable, personalmente tenemos la obligación de compartir nuestras riquezas personales. "El ojo misericordioso será bendito, porque dio de su pan al indigente". Escribió Salomón, el Rey filósofo de la Biblia.

Dispersar la riqueza personal no es una elección. La riqueza debe ser dada; sólo queda una decisión. ¿Se dará durante nuestra vida, o se distribuirá después de nuestra muerte? Antes de morir el dador decide la cantidad y el beneficiario de la riqueza y puede ver que su riqueza hace la diferencia en las vidas de los que la reciben. Después de morir, en muchos casos, una gran porción de la riqueza irá al gobierno federal, y el fallecido se pierde de la alegría de dar.

## EL SIGNIFICADO DE GENEROSIDAD

Cuando Alexis de Tocqueville vino a América en 1831 para comenzar a trabajar en su libro *Democracy in America (Democracia en América)*, le sorprendió el espíritu filantrópico de los americanos. A donde quiera que fuera en los Estados Unidos veía que las personas tenían reuniones. Se organizaban en pequeños comités de caridad a nivel comunitario proveyendo para sus vecinos necesitados. Ya fuera una calamidad de salud, un tiempo financiero difícil, necesidad de ropa para los niños, o un lugar para vivir, algunas organizaciones eclesiales o comunitarias estaban ahí para cubrir esa escasez y proporcionar el cuidado adecuado. Todo esto ocurrió sin que el gobierno lo animara o interviniera porque en el corazón de los americanos hay un espíritu generoso. Tocqueville estaba asombrado, en ese tiempo no había nada similar en Europa Occidental.

Marvin Olasky, en su importante libro, *The Tragedy of American Compassion (La tragedia de la compasión americana)*, describe muchas de las miles de organizaciones no gubernamentales que existieron en el siglo diecinueve en Estados Unidos. Estas organizaciones, fundadas por la generosidad de familias comunes y corrientes de clase media, iglesias, y empresarios adinerados, trataron compasiva y efectivamente con problemas sociales similares a los que enfrentamos hoy. La asistencia era de persona a persona, y era lo suficientemente generosa como para satisfacer carencias reales, pero administrada de tal forma que no engendrara dependencia innecesaria o mendigos. La rendición de cuentas moral y el entrenamiento para empleos productivos eran centrales para estos esfuerzos de ayuda.

Hoy los muy llamados liberales compasivos en el gobierno federal han procurado centralizar la caridad. Esto significa, desde luego, que lo que solía ser caridad efectiva respaldada por la iglesia o la comunidad ahora es un esquema de redistribución involuntaria administrado desde Washington. La verdadera caridad ha sido reemplazada por un sistema al estilo Robín Hood de robo sistemático. Ciudadanos productivos que solían aportar a caridades privadas ahora encuentran que sus riquezas son desviadas a programas gubernamentales mal manejados e inefectivos.

Con programas de bienestar gubernamentales hay poca consideración de las verdaderas necesidades de la persona, casi no se procura solucionar las causas de fondo de la pobreza o de mala salud, y las personas que reciben asistencia del gobierno no tienen un verdadero incentivo para encontrar soluciones permanentes a sus problemas. Los estadistas pueden pretender que tienen motivos nobles, pero están destruyendo toda una población con su "benevolencia".

Probablemente una peor consecuencia del bienestar es que el derecho fundamental humano de propiedad es violado. Cuando no tengamos la libertad a tener propiedad (y disponer de la misma como deseemos) seguramente otras libertades también se perderán. Frederick Bastiat, un economista, estadista y autor francés del siglo diecinueve, creía en la caridad privada pero no en la redistribución forzada de las riquezas. En su obra más conocida *The Law (La Ley)*, Bastiat escribe:

"Cuando una porción de riqueza es transferida de una persona que la posee, sin su consentimiento y sin compensación, ya sea por fuerza o por fraude, a cualquier persona que no la posee, entonces digo que esa propiedad es violada; que se comete un acto de saqueo".

Digo que esto es exactamente lo que la ley debe evitar, siempre y en todas partes. Cuando la ley misma comete este acto, aún así se sigue cometiendo saqueo, y desde ese punto de vista de propiedad y beneficencia añado que esta agresión contra los derechos es aún peor.

Hoy en día los programas de beneficencia en los Estados Unidos son una vergüenza nacional. En términos de sus metas presentadas, son un colosal fracaso. Los americanos han llegado a pensar en el pobre como una clase baja permanente, sin la esperanza de un cambio significativo. Este punto de vista pesimista de iniciativa individual sugiere que lo mejor que podemos hacer es proveerles a las personas de bajos ingresos un cheque mensual para sus necesidades básicas. A veces eso es lo *peor* que se puede hacer por ellas. Cuando son movidas por la necesidad, las personas sacan de sus capacidades internas y habilidades especiales para escalar a niveles de logro que nunca pensaron posible. La mayoría tiene las habilidades y los medios para lograr estas hazañas de emprendimiento, pero a menudo se necesitan dificultades económi-

cas para que esto salga a flote. De hecho, darle dinero a quienes no lo tienen, es la forma más segura de mantenerles ahí.

El gobierno es casi uno de los peores medios para llevar a cabo cualquier tipo de negocio en este país. Y obviamente, dejar la caridad en manos gubernamentales no ha sido benéfico.

Rich y yo, junto con varios otros empresarios del área de Grand Rapids, hemos tratado de promover desarrollo económico por medio del Programa Lugar Preciso, en lugar de expandir programas de benevolencia. No nos hemos olvidado de la importancia de dar caritativamente, desde luego, pero tratamos de mantenerlo basado en la comunidad. Al dirigir nuestras donaciones a organizaciones locales, como nuestra iglesia, sólo procedemos de acuerdo con perspectivas aceptadas de común acuerdo sobre cómo ser generosos para tener un máximo efecto. Creemos que nuestro método puede reducir la pobreza mucho más efectivamente que los programas gubernamentales actuales.

Impulsar la economía local eleva los estándares de vida para casi todos en la zona, así se reduce la pobreza que inspira a los programas de bienestar. Con eso presente, Rich y yo en Amway hemos aportado intensamente a la revitalización de la zona céntrica de Grand Rapids. En cada proyecto realizado se ha evaluado el impacto a la comunidad y una consistencia con nuestros principios cristianos. Nuestros esfuerzos pueden ser llamados el "método de la libre empresa para la renovación urbana". Aunque algunos proyectos han hecho uso de fondos municipales, estatales y federales disponibles, las inversiones privadas han sido la fuerza motora detrás del renacimiento de la zona céntrica de Grand Rapids. Creemos que los proyectos que hemos ayudado a financiar generalmente han sido bien planeados, bien ejecutados y bien organizados.

## MEJORAMIENTO DE VIVIENDA

Una de las mayores y mejores maneras en las que Rich y yo pudimos mejorar la zona de Grand Rapids fue remodelando y ampliando un gran hotel que estaba justo en el centro. En 1978 Amway era el mayor usuario de las instalaciones de hospedaje en el oeste de Michigan, sólo con nuestra convención anual traíamos a cerca de diez mil personas, y cientos más cada semana. Las instalaciones de la zona no eran adecuadas para nosotros y no lo habían sido por años. El nuevo centro de convenciones proporcionó el núcleo para el futuro crecimiento. Rich y nuestro amigo Dick Gillet, habían liderado la recaudación de fondos para el centro de convenciones y de esta forma proveyeron el inicio para el futuro desarrollo, pero el centro no podía funcionar a plenitud sin un hotel grande y nuevo. Varias personas habían propuesto hoteles en años recientes, pero generalmente los planes se desvanecían. Así que un día me senté con Rich y dije: "Bueno, me parece que si queremos utilizar ese centro de convenciones que ayudamos a crear, vamos a tener que tener un hotel". Él estuvo de acuerdo, así que enviamos una propuesta a Walt Sowles, el coordinador de desarrollo de la ciudad y su comité se alegró de ver lo que se podía hacer con nuestros planes.

Así que en Agosto de 1978 compramos el hotel Pantlind en la calle Pearl, con la idea de renovarlo y construir uno de gran altura con habitaciones adicionales en la misma área. La compra de Pantlind fue una decisión combinada entre lo ejecutivo y el corazón. Pantlind fue *el* hotel de Grand Rapids desde su apertura en 1916 hasta los años cuarenta y cincuenta. Durante mi niñez en la zona, Pantlind era el símbolo de algo casi inalcanzable, algo tan magnífico que sólo se podía soñar con pasar una noche en ese lugar. Sólo comer en Pantlind era todo un placer. La gente no salía a cenar tanto como hoy en día, probablemente una o dos veces al año. Pantlind prestaba un servicio y una comida impecables, cultivando su reputación como la de uno de los mejores hoteles del Medio Oeste. Durante los mejores años de Pantlind, Grand Rapids disfrutaba de una era de elegancia por la próspera industria de los muebles y la migración al Occidente desde las grandes ciudades del Oriente. Estábamos ansiosos por volver a traer un hotel de talla mundial a la ciudad.

El proyecto se finalizó en dos etapas. Primero, comenzamos a renovarlo. Cuando en Abril de 1981 se convirtió en Amway Grand Plaza Hotel, el renovado edificio indudablemente era un hotel de talla mundial. Ofrecía 395 habitaciones de lujo, seis restaurantes y salas, y varias finas tiendas minoristas. Adicionalmente, había un conveniente acceso al nuevo centro de convenciones del centro de la ciudad y la sala De-

Vos, una sala de conciertos con dos mil sillas para la que Rich y Helen fueron los mayores contribuyentes. Exuberantes en decoración histórica, con lujoso mobiliario tradicional (hecho en Grand Rapids), las habitaciones rememoraban la grandeza de los años 1900. Un equipo profesional con chefs de clase mundial y un conserje al estilo europeo, ayudaron a hacer de la estancia en Amway Grand Plaza Hotel por lo menos tan memorable como solía ser la de Pantlind. La inaguración del nuevo hotel el 15 de septiembre coincidió con la apertura del nuevo Museo de Arte de Grand Rapids el 17 y el Museo Presidencial Gerald Ford el 18. Toda la ciudad de Grand Rapids tuvo una fiesta de seis días en su rejuvenecida zona céntrica. La festividad se llamó la "Celebración a lo Grand". Hubo fuegos pirotécnicos, eventos deportivos, una competencia de globos y festivales comerciales. *Good Morning America* transmitió desde Grand Rapids. Larry King y Bob Hope presentaron programas especiales. Ronald Reagan, Gerald Ford, y el Primer Ministro canadiense Pierre Trudeau asistieron al evento, y la ex Presidenta francesa Valéry Giscard d'Estaing y los ex Secretarios de Estado Henry Kissinger y Alexander Haig también estuvieron presentes.

Había tantos políticos en Grand Rapids que para ellos fue una muy buena oportunidad para reunirse. Así que el 17 de Septiembre el entonces Presidente Reagan se reunión con Trudeau y el Presidente José López Portillo de México. Después, Al Haig, quien estuvo presente para esa primera reunión, me dijo que había sido "tensa". Reagan y Trudeau no estaban de acuerdo en varios asuntos importantes, y había que aclarar algunascuestiones con México. Hubo algunas discusiones con los canadienses respecto a la Costa Oeste y a las pesqueras de Nueva Inglaterra así como un gasoducto de Alaska al Noreste de los Estados Unidos que llevaron a acaloradas discusiones con Trudeau. Por el lado mexicano, el contrabando de narcóticos y la inmigración ilegal a lo largo de una frontera más bien porosa, estaban creando tensiones. A la mañana siguiente, el grupo volvió a reunirse en el Bar Lumber Barons (ahora llamado Tinseltown) de Amway Grand Plaza Hotel para un desayuno continental y más conversación. Fue un momento trascendental para las tres naciones, y ahora una placa de bronce marca el sitio de su reunión en el hotel.

La segunda etapa del proyecto del hotel fue la construcción de una torre de veintinueve pisos cubierta de vidrio entre el antiguo Pantlind y la rivera del río. El proyecto de la torre fue aún más emocionante para mí que la restauración de Pantlind. Junto con el histórico edificio, la estructura de 316 pies reflejaría las "Edades de elegancia" de Grand Rapids así como el renacimiento urbano que la ciudad estaba experimentando. Los primeros planos mostraron una estructura agresiva pero sencilla que redefiniría el horizonte de la ciudad. Inicialmente se concebía que el edificio se construyera no sólo en la rivera sino también sobre el mismo Río Grand, y que el río pasara por debajo. Pero luego surgió el problema de quién era el propietario del río y del fondo del mismo, así que decidimos poner el edificio sobre tierra firme. La torre añadiría cerca de trescientas habitaciones y suites de lujo, más espacio para comercio y uno de los restaurantes más finos de Grand Rapids, el Cygnus. Hoy seis restaurantes más y cuatro salas ofrecen todo, desde emparedados estilo deli y pizza hasta cocina gourmet. Cuando el clima es malo, los huéspedes pueden comprar en las tiendas localizadas en el hotel o caminar a las otras atracciones céntricas por medio de la red de puentes peatonales.

Un año después de la dedicación del renovado Pantlind, Rich y yo "encendimos la ciudad" con una ceremonia de "culminación" para la nueva torre. Una multitud de 1.500 personas se reunió en el lado opuesto del río frente al Museo Presidencial Gerald Ford para participar. Con sombrillas bajo la llovizna, luché por dar un discurso mientras el agua se deslizaba por el guión que trataba de leer. Rich no ayudó mucho. "Odio decir esto Jay", dijo, "pero creo que estás completamente mojado". Después de nuestros apresurados discursos hubo un breve espectáculo de luces de veintinueve pisos sobre el lado del río donde se hallaba la nueva torre, con 1.400 luces de colores y el acompañamiento estelar de la Banda Sinfónica de Grand Rapids.

La ceremonia de culminación fue el evento de apertura para otra "Celebración en Grand", y había mucho para celebrar. El proyecto de $60 millones de dólares con Amway Grand Plaza Hotel fue sólo uno de media docena de proyectos que prometieron traer gente de vuelta al centro de la ciudad. Sin embargo, las convenciones que la combinación entre el hotel y centro cívico podían traer, fueron la clave para traer comerciantes de regreso a la ciudad. Cuando los ellos se mudaran al centro para conseguir negocios a partir de las convenciones, los pobladores de Grand Rapids los seguirían. Iba a comenzar un ciclo de desarrollo positivo el cual podía impulsar un crecimiento por décadas, y el nuevo estadio Van Andel ha acelerado ese desarrollo.

## CONSTRUYENDO UN SUEÑO

Nos complació ver que el nuevo complejo hotelero pronto recibió la calificación AAA cuatro estrellas por su calidad y valor. El hotel ha sido muy exitoso, por muchos años ha mantenido una calificación de alta calidad y ha demostrado ser una de las piedras angulares de la reconstrucción del centro de Grand Rapids. De hecho, fue tan divertido que desde entonces hemos abordado varios otros proyectos allí que han revitalizado nuestra ciudad.

Uno de estos fue un nuevo museo. En 1989, después de mucha retórica política acerca del nuevo proyecto, se dio inicio formal a una recaudación de fondos. Con la campaña llamada "Ya es hora", los ciudadanos de Grand Rapids buscaban recolectar $30 millones de dólares en fondos para una construcción de tres años. Me pidieron que dirigiera el comité para conseguir fondos. Con la asistencia de Casey Wondergem, logramos recaudar una gran parte de los fondos para el museo de miles de donantes corporativos y donantes individuales del área de Grand Rapids. Betty y yo aportamos $7,4 millones de dólares para el proyecto. El reconocimiento no sólo se limitó a los grandes donantes, todos podían ayudar con sólo comprar un ladrillo con su nombre, para ser puesto en una pared especial dentro del museo. Hoy al otro lado del Río Grand, frente a Amway Grand Plaza Hotel, está el nuevo "Museo del Centro Van Andel y el planetario Roger B. Chaffee". El siguiente proyecto importante que asumimos fue la financiación de un estadio deportivo y de entretenimiento en el centro de Grand Rapids. Rich y yo por mucho tiempo habíamos sentido que un estadio sería una adición valiosa a la zona del centro y para la comunidad, y líderes de la ciudad habían expresado su deseo por traer eventos a la ciudad que las instalaciones existentes no podían recibir.

El hijo de Rich, Dick, tuvo la visión inicial de organizar un grupo llamado "Vision Grand" el cual representaba a varios segmentos del sector público y privado interesados en los deportes y el entretenimiento. El propósito del grupo fue lograr consenso sobre la necesidad y la ubicación de un nuevo estadio. Como Dick después afirmó: "Parecía haber un sentido real de deseo en la comunidad, pero no estaban juntos todos los factores correctos. Le pregunté a ese grupo inicial de líderes de la comunidad y activistas: '¿Esto tiene o no tiene sentido? Si lo tiene, entonces pongamos manos a la obra. Si no, entonces saquémoslo de la agenda'". Desde el comienzo cuando el grupo de Dick necesitó tener un diseño preliminar de la construcción, para ver si el proyecto era financieramente viable, yo doné los fondos necesarios para diseñar y evaluar el proyecto. Comenzó a generarse un consenso alrededor de la idea, y el grupo de Dick cambió de *Vision Grand* a *Action Grand*, (el cual todavía codirige Dick con John Canepa y David Frey ya que pasamos del estadio al nuevo centro de convenciones propuesto).

Dick presentó muchas buenas razones en favor del estadio. Un estadio les da a las personas más opciones de entretenimiento, así que en lugar de sentarse frente al televisor, la gente va al centro de Grand Rapids a pasar un buen tiempo. Al atraer gente de fuera de la ciudad a la zona del centro, un estadio también impulsa el negocio de los hoteles y los restaurantes. Combinado con todas las demás atracciones en el centro de Grand Rapids, el estadio aporta para la revitalización y el crecimiento del centro de la ciudad. El estudio sobre impacto económico que el grupo de Dick condujo mostró que el estadio generaría efectos muy positivos en toda la ciudad.

Nuestros esfuerzos de recaudación de fondos fueron muy exitosos con el estadio así como lo fueron con el museo. La ciudad apoyó el proyecto y demostró que el estadio sería muy apreciado y usado. Inicialmente mi donación iba a ser de $8 millones de dólares, pero cuando los costos se incrementaros, Betty y yo terminamos dando $11,5 millones de dólares para lo que ahora es el estadio Van Andel. En cuanto a arquitectura, el estadio es una obra maestra de diseño y creatividad. El impresionante exterior forrado en vidrio sobresale en el centro histórico de Grand Rapids, pero no le quita nada al ambiente. Es visionario, pero no agresivo con su presencia; es dinámico pero no demasiado molesto. Los puentes peatonales conectan el estadio con Amway Grand Plaza Hotel de cuatro estrellas y 682 habitaciones, los jardines al lado del Marriot, las Plaza Towers y otros grandes edificios del centro.

El estadio proporcionó una maravillosa oportunidad para presentar un nuevo equipo deportivo profesional a la comunidad. Mi hijo Dave y el hijo de Rich, Dan, junto con otros líderes de la ciudad dirigieron la campaña para traer un equipo de hockey profesional al área de Grand Rapids. Desde su apertura en Octubre de 1996, el estadio de doce mil sillas ha sido la casa para los Griffins de Grand Rapids, de la liga internacional de hockey. Los primeros meses de operación mostraron que el estadio iba a ser un gran éxito. Atrajo a más visitantes de lo esperado y le dio un gran impulso a la economía del centro. Desde la apertura de octubre hasta finales de 1997, 451.000 personas asistieron a eventos en el estadio, 11% más de lo anticipado.

## PLAZA TOWERS

Más recientemente Amway emprendió una renovación masiva de un *nuevo* edificio en el centro de Grand Rapids. Es correcto, nuevo. En 1992 un edificio de hotel, condominio y apartamentos apenas terminado comenzó a tener serios problemas. El complejo Eastbank Waterfront Towers de $39 millones de dólares había sido construido con un presupuesto apretado por parte de un desarrollador que no era de la ciudad, y se notaba. Los paneles de ladrillo del exterior tenían goteras, los gases de los baños estaban siendo ventilados de vuelta al edificio, y la tubería de hierro para el aire acondicionado se estaba oxidando rápidamente, en un edificio de apenas unos meses de construcción.

Inicialmente Amway iba a administrar la parte del edificio que era hotel, pero cuando vimos que el edificio parecía ser tan defectuoso, nos retractamos. Pero viendo que el proyecto se iba a la quiebra, decidimos que nuestra historia de participación en el área del centro requería que convirtiéramos un limón en limonada. Inicialmente tuvimos que decidir si simplemente íbamos a derribar el edificio o renovarlo por completo. A Rich y a mí nos gusta vernos como constructores, no destructores, así que invertimos otros $40 millones de dólares para reparar completamente el interior y el exterior. Finalizado en Junio de 1997, Plaza Towers, como ahora se llama, es una estructura completamente habitada que adorna el horizonte de nuestra ciudad. Además de las residencias, la torre también tiene un jardín al lado del hotel Marriot, oficinas, una tienda de regalos y un club de salud.

Naturalmente me emociona ser parte de tan exitosa serie de proyectos que han aportado tanto a mi ciudad natal y a su gente. Pero en cierto sentido, tenía que hacerlo. Si realmente creo todo lo que he predicado acerca de la libre empresa y los negocios, no podría hacerme a un lado y dejar que el gobierno lo hiciera. Todos estos proyectos demuestran que lo que mejor funciona es cuando el sector privado hace equipo con el gobierno para convertir una ciudad en un lugar hermoso y funcional para vivir, trabajar y jugar.

De hecho, sin el beneficio de la participación privada, la planeación del gobierno y la financiación de proyectos una idea buena puede ser un fracaso y una mala idea mucho peor. Mira las zonas céntricas de muchas ciudades de los Estados Unidos y la evidencia salta a la vista. Tugurios creados por control de renta, restricciones de construcción y otras tontas políticas gubernamentales generan cicatrices al interior de la ciudad. Empresas en el centro se acercan a la quiebra, sufriendo por pocos espacios de estacionamiento, falta de control del crimen, y subsidio del gobierno para competidores suburbanos. Entonces los planeadores de la ciudad, procediendo sin el aporte del sector privado, deciden "solucionar" el problema que el gobierno ha creado, construyendo un horrendo y costoso estadio financiado por los contribuyentes o algún otro despilfarro que deja a la comunidad con deudas absurdas.

Una solución más sensible es permitir que corporaciones privadas y personas busquen las necesidades de la comunidad y satisfagan adecuadamente esas necesidades. Los planeadores de gobierno, ciegos a las necesidades reales de la comunidad por motivos políticos e incapacitados por la mala información, no son tan buenos sirviendo a la gente como lo son las firmas privadas y las personas con consciencia de comunidad.

CAPÍTULO 12

# PARTICIPANDO EN POLÍTICA

Me involucré en Política de la manera como muchos lo hacen. Vi cómo el proceso político podía afectar mi vida, así que comencé a tener un activo interés en lo que nuestros funcionarios elegidos estaban haciendo. Para mí, eso significó servir en la Comisión de Planeación de Ada en los años 1960. La entidad estaba encargada de zonificar las propiedades en el área, lo cual se suponía que aumentaría la base de impuestos y les daría a los ciudadanos de Ada un empleo más cerca de casa. Como la empresa con mayor crecimiento en la región, Rich y yo queríamos asegurarnos de que Amway estuviera representada.

Mi actividad se expandió de nivel local a nivel estatal cuando en 1971 el Gobernador George Romney me nombró para la Comisión de Compensación del Estado de Michigan. Esta es una comisión establecida para asignar los salarios de los funcionarios elegidos. Mi presidencia ahí me dio una ventana al escenario político y me permitió hacer algunos contactos en el gobierno estatal. Era difícil trabajar, el trabajo no tenía salario y hacía que varios legisladores se enfadaran conmigo porque me rehusaba a pagarles lo que ellos pensaban que valían. Pero me mantuve hasta el final y fui nombrado nuevamente por el Gobernador Bill Milliken, quien fue el sucesor del Gobernador Romney. A medida que veía más de cómo era la vida política, pasé a tener más participación activa con el partido republicano en un esfuerzo por cambiar las cosas para bien.

Un día en 1973 el Gobernador Milliken vino a verme y me pidió que tomara el cargo de presidente del comité de finanzas de Estado Republicano. Aunque el partido estaba totalmente en quiebra en ese momento, acepté y Bill y yo juntos logramos mucho para el partido. Hacíamos fiestas de recaudación de fondos en Lansing y se le pedía a nuestro comité que ayudara a llenar el sitio con patrocinadores de nuestro partido. La primera vez que hablé en Lansing, me referí a la importancia de tener un partido financieramente estable. "La prioridad es esta deuda", dije. "Tiene que irse. Y vamos a permanecer sin deudas. ¿Cómo puede el partido republicano tener alguna credibilidad con el pueblo cuando nuestras finanzas estatales son un desorden?" Gracias a muchos patrocinadores generosos, pudimos sacar al partido de menos un millón de dólares en el tesoro a un millón de dólares en el tesoro en el lapso de un año.

Apoyé a un mayor número de legisladores republicanos por medio de mis donaciones al partido, comenzando con los que estaban cerca de casa en Michigan, y luego a los del panorama nacional. Creo firmemente que los partidos políticos deberían ser las agencias de solicitud y desembolso para las contribuciones políticas, y no los candidatos o sus comités. Por tal motivo, el volumen de mis aportes políticos se hizo al partido republicano, no a candidatos individuales. Cuando doné a candidatos específicos, siempre procuré apoyar a quienes sabía que eran honestos y con buena moral. Este país necesita desesperadamente más políticos de buena moral y responsables. Algunos pueden pensar que es contradictorio, pero hay muchos legisladores a quienes conozco personalmente que también son moralmente firmes y rectos, incluyendo a nuestro congresista, Vern Ehles, quien remplazó al fallecido Paul Henry.

Paul Henry fue uno de esos hombres que consideré como el legislador ideal. Fue un hombre honesto, alguien que representaba bien a sus electores. Paul también fue un filósofo y en una ocasión fue profesor en la Universidad de Calvin, era más un escolar que un técnico legal. Los filósofos especulan acerca de lo que "debería ser", la mayoría de políticos en estos días parecen concentrarse en el "es". Creo que el Congreso sería mucho más fuerte hoy si pudiéramos reemplazar a algunos de todos estos abogados programáticos con algunos filósofos de pensamiento sólido. Para mí era un extraño placer disfrutar de una profunda conversación filosófica y teológica con Paul. Esa habilidad debe haber venido de su padre, Carl Henry, quien probablemente es uno de los mejores teólogos protestantes del país.

Mi ingreso a la Política nacional vino por medio de mi trabajo con la Cámara de Comercio de los Estados Unidos. La misión de ésta entidad me resultó atractiva por su énfasis en la industria, no en el gobierno, como fuente de crecimiento económico. Comencé a trabajar con la Cámara a nivel estatal en los años 1960, y posteriormente fui elegido Presidente de la Junta para la Cámara de Comercio del estado de Michigan en 1970. Eso hizo que personas de la organización a nivel nacional se fijaran en mí, y en 1972 fui elegido para la Junta Nacional de Directores.

Después de siete años en la Junta Nacional, fui elegido por un periodo como Presidente de la Junta. Ese fue un tiempo muy emocionante y satisfactorio para mí. La presidencia me dio la oportunidad de hablar en defensa de la libre empresa en todos los Estados Unidos y lo aproveché completamente. Después de finalizar mi presidencia, seguí siendo activo en la Cámara sirviendo como Presidente del Comité Ejecutivo. La Cámara tenía un límite de tiempo para su junta directiva (¡Una política que quisiera que el Congreso de los Estados Unidos adoptara!), así que en 1985, después de catorce años en la junta, completé mi tiempo y volqué mi atención a otra parte.

## VUELO HACIA LA LIBERTAD

Una de las organizaciones políticas más interesantes con las que estuve involucrado fue la Fundación Jamestown, la cual ayudé a fundar en 1983. La Guerra Fría estaba en pleno auge en ese tiempo, y el Departamento de Estado no estaba haciendo un buen trabajo de aprovechamiento de las oportunidades para usar a los desertores en posiciones de consultoría y otras posiciones similares. Ex agentes de la KGB, miembros de altos rangos del ejército soviético, y otros desertores soviéticos de alto nivel se encontraron en empleos con bajos salarios y cargos de baja categoría después de haber sido interrogados por el gobierno de los Estados Unidos. Esto preocupaba a quienes creíamos que estas personas podían aportar mucho más a este país. La Fundación Jamestown fue formada para ayudar a esas personas a ajustarse a la vida en Estados Unidos y ubicarlos donde serían respetados y utilizados para gran provecho.

La Fundación Jamestown me dio una ventana a la vida detrás de la Cortina de Hierro. En 1989, en una cena de beneficencia para la Fundación Jamestown en Washington D.C., tuve el privilegio de conocer a un grupo de prominentes desertores soviéticos, incluyendo ex agentes de la KGB, ex diplomáticos y oficiales de alto rango del ejército soviético. En mi mesa estaba el Secretario de Defensa, Dick Cheney y el desertor Arkady Shevchenko. La deserción de Shevchenko en 1978 había sido una gran noticia en los Estados Unidos ya que fue Subsecretario General de las Naciones Unidas y consejero personal de Andrey Gromyko. Su intrigante libro *Breaking With Moscow (Rompiendo con Moscú)*, el cual escribió después de su deserción, llego a ser un éxito de ventas en los Estados Unidos. En las cosas que resalté en esa cena, hablé sobre el gran sacrificio personal que estos desertores habían hecho y lo que esto nos recordaba respecto al valor de la libertad. Algunas de estas valientes personas probaron la vida afuera de la Unión Soviética, mientras otros sólo habían escuchado rumores al respecto. A pesar de los riesgos y el costo evidente en el dolor personal, ellos creyeron que valía la pena renunciar a su tierra natal a fin de ganar la libertad básica del ser humano.

Ahora que la Cortina de Hierro ha colapsado, la Fundación Jamestown trabaja para dar a conocer lo que está sucediendo en naciones ex comunistas, dando información actualizada sobre su crecimiento y desarrollo y mostrándonos detalles de aquello en lo que podemos ocuparnos como americanos. Ya no estoy personalmente involucrado con el trabajo de la Fundación Jamestown, pero estoy orgulloso de ver que lo que ayudé a iniciar sigue dando frutos.

También tuve el privilegio de servir en la Junta del National Endowment for Democracy (Emprendimiento Nacional para la Democracia, NED, por sus siglas en inglés) desde sus comienzos en 1983. El NED, fundado por el Congreso, es un grupo bipartidista cuya misión es dar apoyo financiero y técnico a grupos que trabajan por la democracia en todo el mundo. Con un presupuesto relativamente pequeño y métodos poco llamativos, el NED logra tener una influencia decisiva en estos grupos. En 1988, los fondos del NED ayudaron a doscientos mil chilenos pobres a obtener las pequeñas fotos requeridas para los votantes, lo cual ayudó para una gran movilización de votantes y una victoria apretada sobre la dictadura de Pinochet. También proporcionamos copiadoras, prensas de impresión, y otros equipos y materiales para apoyar a grupos que luchaban por cambiar regímenes opresivos. Es difícil saber qué efectos tuvo esto, pero visualicé a miembros de un pequeño grupo de oposición luchando, haciendo miles de volantes en una copiadora del NED y luego entregándolos en las calles a riesgo propio. Estoy convencido que el trabajo del NED tuvo mucho que ver con el colapso del Comunismo en todo el mundo a comienzos de los años 1990.

De hecho, mi ingreso al NED se dio por mi trabajo para la Cámara de Comercio de los Estados Unidos. La Cámara era uno de los cuatro grupos "núcleo" detrás del NED, y llegué a una posición como representante en la junta directiva. La primera reunión organizacional del NED congregó a algunos prominentes líderes empresarios y sindicales, incluyendo a Lane Kirkland, el Director de la Federación Laboral Americana. Todas estas personas estaban sentadas tratando de decidir a quién elegir como tesorero, cuando Lane dijo: "Bueno, debe ser Jay Van Andel, él tiene tanto dinero que nunca se molestaría en robar el nuestro. ¡Elijámoslo a él!" Así que eso fue todo, y serví por un tiempo como el tesorero del NED.

A pesar que mi filosofía política difería de las filosofías de algunas de las demás personas de la junta en el NED, me sorprendió gratamente la unidad que todos tuvimos en la idea básica de una forma democrática de gobierno. Cuando consideramos la violencia y la tiranía que caracterizaba a muchos gobiernos no democráticos alrededor del mundo, nuestras diferencias políticas al interior de los Estados Unidos parecían mucho menos importantes.

## UN LUGAR PARA POLÍTICOS

¿Por qué sentí que fuera necesario estar tan políticamente activo? Muchos grandes defensores del gobierno habrían querido que no hubiera estado tan activo. Pero para mí era una responsabilidad, estar involucrado en la arena civil era un deber. La tenue naturaleza de la misma supervivencia de este país me llamó a correr al campo de batalla político. Para mí, también fue un llamado religioso. Algunos dicen que la Religión y la Política no se mezclan, o que la Política es "sucia" y los cristianos no deberían participar en ella. Para mí era evidente que la Religión ya estaba en la Política, la Religión del Estatismo. Cuando los ciudadanos de un país claman al estado todopoderoso pidiéndole comida, vivienda y ropa, pidiéndole protección de desastres naturales y Educación, en resumen, pidiéndole por todas sus necesidades terrenales, entonces el Estado es un Dios para esas personas.

Mi herencia holandesa con trasfondo calvinista también le proporcionó mucho ímpetu a mi actividad. El teólogo francés, quien en una ocasión fue Gobernador de Ginebra, Juan Calvino, creía que como el hombre es básicamente propenso a hacer el mal, debe haber un magistrado civil que lo refrene. Muchos políticos no tienen problemas con esta idea. Esto lo sé porque lo llevan al extremo, enviando ejércitos o burócratas para que impidan que la gente haga lo que creen que es malo. Pero con frecuencia ignoran la segunda parte de la enseñanza de Calvino respecto al Estado. El magistrado civil, enseñaba Calvino, también era propenso a hacer el mal y por tal motivo también necesitaba ser refrenado. Por tal motivo en Juan Calvino encontramos la base religiosa para el gobierno constitucionalmente limitado.

En 1900 Holanda tenía un Primer Ministro quien fervientemente creía, junto con la mayoría de sus compatriotas, que los principios cristianos se aplicaban a la Política así como a cualquier otra parte de la vida. Su nombre era Abraham Kuyper. Él creía de corazón en la separación de la Iglesia y el Estado, pero insistía en que el gobierno civil tenía una responsabilidad delante de Dios para realizar tareas definidas. Debido a que el hombre es propenso a hacer el mal, el gobierno se hizo necesario "para frustra todo libertinaje y ultraje y proteger al bien contra el mal". "El más sublime deber del gobierno", escribió Kuyper, "permanece... inmodificable, el de la justicia..." Al gobierno también se le exigía moralmente el mantenerse alejado de ciertas áreas de las vidas de las personas: "En un sentido calvinista... la familia, los negocios, la Ciencia, las Artes y cosas similares, son todas esferas sociales, las cuales no le deben su existencia al Estado, y cuya existencia no se deriva de la superioridad del Estado..." Abraham Kuyper rechaza claramente la noción de que el Estado tiene jurisdicción ilimitada, llamando más bien a la protección de cada esfera de autoridad contra la interferencia de otros. Mientras el gobierno civil es claramente necesario bajo la esfera de soberanía de Kuyper, ciertas "esferas" de la actividad humana están fuera de los límites de la intervención del Estado. Por lo tanto, según lo plantea Kuyper, "el Estado nunca puede llegar a ser un pulpo que ahoga toda la vida. Debe ocupar su propio lugar, en su propia raíz, entre todos los demás árboles del bosque, y por lo tanto debe honrar y mantener toda forma de vida que crece independiente en su propia autonomía sagrada".

Sin un claro entendimiento de los principios enseñados por Kuyper, es muy probable que caigamos en serios errores. Con toda razón el Presidente Clinton recientemente pidió que todas las iglesias de Estados Unidos emplearan a alguien para beneficencia. Motivar a la Iglesia no debería ser tarea de un presidente; ésta es exactamente la clase de provisión dirigida a las personas para los pobres a quienes Dios ha llamado cristianos. Pero algunos en la Iglesia han protestado en contra de este llamado a la responsabilidad eclesial. Un reverendo, Albert Penny Backer, del Consejo Nacional de Iglesias, respondió a Clinton en la edición de la revista *Time* de Marzo 17 de 1997 diciendo: "Nuestro trabajo no es compensar el fracaso del gobierno al hacer su trabajo".

El comentario del Reverendo Penny Backer revela su carencia de entendimiento del principio de esfera de soberanía planteado por Kuyper. La provisión de empleo no yace dentro de la esfera del gobierno civil sino que es dominio de los empresarios individuales. Cuando el gobierno procura intervenir, usualmente resulta en menos empleos y menos productividad a largo plazo. En lugar de ocuparse de la provisión de empleos, el gobierno debería quitarse del camino de las empresas y beneficencias privadas. Los empresarios crean trabajos productivos y descubren otras maneras de satisfacer las necesidades humanas y las instituciones de caridad ayudan a quienes no pueden proveer adecuadamente para sus propias necesidades.

Entonces las personas, las familias y los gobiernos civiles, todos, tienen sus propios campos. El individuo y cada institución de la cual hace parte son importantes para la prosperidad de una nación. El gobierno civil no es la única ni la más sublime de las instituciones humanas. Esto se entendía más claramente en los Estados Unidos antes que el gobierno federal expandiera dramáticamente sus dominios en los años 1930. Las relaciones familiares, de iglesia y de vecindad, estabilizaban y gobernaban la sociedad, en muchas situaciones el gobierno civil no era necesario ni bienvenido en muchas situaciones. Estas otras instituciones eran altamente efectivas educando a los niños, promoviendo decencia y civismo, proveyendo para las necesidades de los pobres, e incluso manteniendo el crimen al mínimo. Las iglesias eran una fuente de nutrición espiritual y cuidado material, a medida que las congregaciones cuidaban de las necesidades de quienes eran sus miembros y a la larga de los de la comunidad. Amigos, familias y vecinos ayudaban cuidando de los pobres y discapacitados por medio de sociedades de ayuda mutua administradas localmente.

La familia y la iglesia juegan papeles importantes en la vida de una sociedad porque son instituciones duraderas. Las familias mantienen continuidad de una generación a otra, estimulan el comportamiento socialmente aceptable, proporcionando apoyo emocional, físico y material, y enseñando idioma, cultura y moral. Sin el entrenamiento, el respaldo, la disciplina y el amor de las familias, la civilización como la conocemos se desmoronaría. Adicionalmente a sus funciones, las iglesias, como centros de alabanza, preservan a lo largo de miles de años las tradiciones morales esenciales para el regimiento de la ley. Sin éste, la sociedad se deterioraría rápidamente pasando a un desorden anárquico en el cual la industria y el comercio serían imposibles. La enseñanza moral acerca de cumplir promesas y respetar las pertenencias de otros, desanima a las personas a romper contratos y permite que las empresas funcionen para beneficio de toda la Economía.

Para evitar que el gobierno civil usurpe los papeles de estas otras instituciones, destruyendo así su efectividad, el gobierno civil debe estar limitado por los principios morales tradicionales. Cada institución en la sociedad está necesariamente limitada en su poder por las demás instituciones, y en definitiva por el pueblo. Esto se aplica igualmente al Estado. Como todos somos humanos y sujetos a fallar, el pueblo debería refrenar estrictamente el deseo de los legisladores por tener poder ilimitado. Cada ciudadano debe vigilar, porque cada rey, cada presidente, cada primer ministro; cada senador, cada alcalde y cada alguacil, son tentados a abusar de la autoridad. Hoy parece que asumir la responsabilidad por la vida propia es algo cada vez más raro. Es más fácil, en un sentido limitado, renunciar a la responsabilidad, pedirle al gobierno que haga lo que todos deberíamos estar haciendo por nosotros mismos, y con la ayuda de nuestras familias, iglesias y otras organizaciones del sector privado. Lo que la gente parece olvidar es que alguien debe pagar por todo eso, y siempre, ese alguien somos nosotros, por medio de los impuestos. Y como puedes imaginar, no creo que los impuestos cada vez más altos beneficien a las empresas o a las personas.

# CAPÍTULO 13

# ¿QUIÉN GASTA MEJOR TU DINERO?

La política fiscal de impuestos y gastos que ha caracterizado a casi cada administración democrática de la Historia Moderna, es una de las fuerzas políticas y económicas más destructivas que plagan esta nación. El ejemplo más notorio de esto vino durante la administración del Presidente Jimmy Carter. En esa época yo estaba sirviendo con la Cámara de Comercio de los Estados Unidos, donde vimos que lo mejor que podía hacer el gobierno para ayudar a la Economía era reducir los impuestos y el gasto. Pero según el Presidente Carter y los derrochadores del Congreso, el gasto era la clave para el crecimiento económico. Así que si los estadounidenses no gastaban lo suficiente por su propia cuenta, entonces no sabrían qué era bueno para ellos. El gobierno completamente sabio debía quitarles el dinero por medio de impuestos y gastarlo.

Lo que la administración de Carter y el Congreso no entendían era que lo que mueve a la Economía no es el gasto sino la inversión, la cual a largo plazo, hará bien a todos al aumentar la capacidad productiva de la Economía. Esto no lo comprendió Carter ni la mayoría de los presidentes demócratas de nuestro siglo. Las tasas de interés de hasta el 21% que resultaron de la Economía mal dirigida de Carter desestimularon la inversión y arrastraron toda la Economía hacia abajo. Como consecuencia, el ingreso real para la familia americana promedio cayó de 1977 a 1981. Sólo los ingresos del 1% de americanos más adinerados crecieron durante los años de Carter. Es por esto que siempre me desconcierta cuando los liberales repiten constantemente que recortar los impuestos sólo beneficia a los ricos. Este era un claro ejemplo de cómo el incremento de impuestos afectó al contribuyente promedio mientras que benefició a los ricos.

Cuando en 1981 surgió el generoso crédito de impuesto de inversión del Presidente Reagan, así como otros cambios de impuestos, algunas personas supusieron que era otra forma para que los propietarios de grandes capitales se pusieran manos a la obra. Al pensarlo más detenidamente se hace claro que esto no es cierto. ¿Quién logra más, un hombre con una pala o un hombre con un *bulldozer*? Evidentemente el hombre con la maquinaria pesada puede hacer más, y disfrutará parte de las utilidades adicionales que genera su mayor productividad. El inversionista de capital, la persona que invirtió en la maquinaria pesada, aumentó la productividad de trabajo y por consiguiente aumentó la utilidad del trabajo. ¿Qué pasó con el bienestar del americano promedio? Aumentó. Reversando la tendencia de los años de Carter, el ingreso real de la familia promedio creció muy por encima del 15% desde 1982 hasta 1989. Ese crecimiento incluía todos los grupos de ingresos desde el más pobre hasta el más rico. Y el crecimiento fue consistente. Desde 1982 hasta 1990, los americanos disfrutaron de un nuevo récord de tiempo de paz de noventa y seis meses continuos de crecimiento económico.

## APRETANDO EL CINTURÓN

Las políticas de impuestos y gastos son las más peligrosas porque son difíciles de reversar. El gobierno cobra impuestos, y gasta por dos razones básicas. Primera, las políticas de impuestos y gasto tienen como objetivo alcanzar metas macroeconómicas como un desempleo más bajo y más ingreso real. Pueden alcanzar esas metas a corto plazo pero a largo plazo las políticas de impuestos y gastos resultarán en mayor desempleo y menos ingreso real. Segunda, los presupuestos gubernamentales se usan para recolectar votos para los políticos que escriben los presupuestos. Los políticos deshonestos dejan de escribir leyes que benefician a todos y escriben leyes que les quitan la riqueza a todos a fin de beneficiar a grupos de interés especial. El Estado se convierte, como lo dijo el economista francés, en "esa gran entidad ficticia por la cual todos buscan vivir a expensas de los demás". Esta es precisamente la razón por la cual es tan difícil cortar el gasto: cada americano tiene uno o más programas de gobierno preferidos que no quiere ver cortado. Todo político que sugiere que un programa de gasto de gobierno se corte, será bombardeado de inmediato por quejas y amenazas de uno o más grupos de interés especial. El buzón del legislador estará lleno de cartas condenándolo por promover "pérdidas de empleo" y por oponerse al "bien común". Sin importar que el recorte de presupuesto a largo plazo aumenta las oportunidades de empleo y mejora el bienestar de todos. Si pudiéramos renunciar a nuestros programas favoritos, toda la sociedad americana se beneficiaría inmensamente.

Hoy hay alrededor de 1.400 programas federales de beneficio vigentes. Para reducir el gasto gubernamental y el tamaño del gobierno, la gente tendrá que renunciar a algunos de esos programas. Donde sea necesario, el sector privado entrará a proveer para las necesidades humanas donde el gobierno deje de hacerlo. Como las beneficencias privadas y otras organizaciones pueden trabajar de manera más eficiente y con más orientación hacia las personas, harán un mejor trabajo en la satisfacción de esas necesidades que lo que el gobierno alguna vez hizo.

Lo que se necesita es apretar el cinturón un poco a corto plazo. Los empresarios que reciben un préstamo por parte del gobierno, tendrán que renunciar al mismo. El granjero que recibe un sostenimiento de precios, tendrá que renunciar al mismo. La madre a quien los contribuyentes le pagan el almuerzo de su hijo tendrá que pagarlo ella misma o encontrar una obra social que le ayude. El maestro que recibe apoyo para estudiar la vida sexual de las ranas brasileras, tendrá que persuadir a un grupo de investigación, corporación o individuo para que le otorgue ese apoyo. El artista que recibe fondos del gobierno para producir mal Arte que nadie quiere comprar, tendrá que salir al mercado y producir pinturas que alguien desee. El beneficiario de bonos de alimentación, tendrá que aplicar en una iglesia local u organización de caridad para obtener ayuda. El estudiante universitario que está recibiendo una donación del gobierno para estudiar, tendrá que aplicar para una beca o salir a buscar trabajo para pagar sus estudios. El político que vive sacando dinero de los bolsillos de los demás y dándoselo a los que se ganan su favor, tendrá que conseguir un empleo honesto.

La verdad es que la redistribución del gobierno ha invadido casi cada faceta de nuestra sociedad, y por lo tanto, una reducción de tamaño del gobierno afectaría a casi todos. Y, a menos que, como nación, colectiva e individualmente estemos dispuestos a aceptar los costos temporales de esa reducción, no podremos disfrutar de los beneficios considerables a largo plazo.

Las reducciones en gastos resultaran en una tasa de crecimiento más elevada y menos tasas de interés. Las tasas de crecimiento más elevadas no son sólo números que alegran a los economistas. Éstas implican una calidad de vida más elevada para nosotros, para nuestros hijos y para nuestros nietos. Cualquier sacrificio a corto plazo que hagamos, será más compensado por un considerable aumento de la riqueza en un futuro no muy lejano.

La clave para una tasa de crecimiento más elevada es sencilla para el gobierno, es permitir que el sector privado haga lo que mejor sabe hacer. El sector privado puede y está dispuesto a relevar a los gobiernos federales y estatales para proveer becas, regalos de caridad, subsidios, préstamos y otra clase de apoyo. Y el sector privado puede hacer todo esto en una manera saludable para las empresas y para la Economía que nos beneficie a todos.

## UN MEJOR SISTEMA DE IMPUESTOS

Una manera para reducir el daño que causan los políticos cuya filosofía es de impuestos y gastos, sería crear un sistema de impuestos menos destructivo. Si deliberadamente nos hubiéramos propuesto establecer la manera más complicada, injusta, dudosa, costosa e ineficiente de recaudar impuestos federales, probablemente habríamos obtenido un sistema muy parecido al que tenemos hoy. En tres estudios diferentes con los que estuve involucrado de cerca, desarrollados por la Cámara de Comercio de los Estados Unidos, Citizen's Choice y la Fundación Heritage, se encontró que los impuestos de renta sobre las personas y las empresas americanas estaban entre las formas de recaudación de impuestos federales que se hubieran podido idear que menos sentido tiene.

El impuesto de renta actual, presentado con la Decimo Sexta Enmienda en 1913, tiene devastadores efectos de gran alcance sobre nuestra Economía. Siendo el segundo de la lista de diez objetivos en el *Manifiesto Comunista* de Marx y Engels, el impuesto progresivo sobre la renta permite la redistribución de los ingresos a gran escala. Cuando este proceso inmoral ha iniciado, no hay un fin claro para el mismo. Si es bueno quitarle un poco a alguien a la fuerza, y dárselo a otro, entonces probablemente sea mejor quitarle más a alguien por la fuerza para expandir la cantidad de beneficiarios. El objetivo final es que en lugar de simplemente ayudar al pobre, al desempleado y al discapacitado, un vasto ejército de otros con necesidades cuestionables también se pone en fila para las donaciones. Finalmente habrán tantos del lado receptor que se hará políticamente imposible controlarlo. Lo que comenzó como un problema moral rápidamente se convierte en un problema económico y político. Le quitamos tanto al productivo para pagar al no productivo, que creamos una nueva clase de americanos que viven a expensas de los impuestos de otros. Todo el tiempo el estatista "compasivo" pretende que éste oportunismo político ya institucionalizado sea sólo para el bien del pobre. El productivo aminora la marcha y la distribución inevitablemente se hace menor para todos. Al final, como lo dice Warren Brookes, " el intento por redistribuir la riqueza mediante la redistribución del dinero con tablas de impuestos progresistas, sólo termina manteniendo pobre al pobre, rico al rico y dejando a la clase media luchando aún más por estar al día con los impuestos".

Para empeorar los problemas del impuesto de renta progresivo están las dificultades de entender el código de impuestos. Es lo suficientemente malo cuando a un ciudadano promedio le toma todo un día (o más) declarar sus impuestos, o cuando ese ciudadano se rinde y le paga una gran suma de dinero a alguien que se los prepare. Las cosas empeoran aún más cuando no se puede confiar en los asesores de impuestos del IRS para que den una ayuda acertada.

El asunto de los impuestos era importante para Amway y también para mí. Debido a la complejidad del código de impuestos y a algunos malos entendidos personales acaerca de lo que se trata Amway exactamente, algunos distribuidores tuvieron problemas con el IRS. En 1982, el Congreso y el IRS investigaron algunas grandes deducciones tomadas por algunos distribuidores de Amway. Al parecer algunas personas habían iniciado una empresa Amway no como una legítima empresa con fines de lucro, sino como una protección contra impuestos. Se habían presentado algunos estiramientos a las normas del IRS respecto a las deducciones de gastos de empresas, y varios distribuidores se vieron enfrentando el lado no tan amable del IRS. Distribuidores que se dejan llevar buscando estrategias para reducir impuestos se confunden con el propósito de Amway, así que cooperamos con el IRS para comunicarles el problema a nuestros distribuidores y detener la evasión de impuestos.

Parte del problema surgió de un ex agente de rentas del IRS que se hizo distribuidor de Amway. Este autoproclamado experto en impuestos le dio a otros distribuidores una muy bien hecha pero distorsionada e irrazonable interpretación de la Ley de Impuestos. Algunos de los distribuidores que lo escucharon iniciaron una estrategia creativa pero mal dirigida para aumentar sus deducciones y afectarse no sólo a ellos mismos sino a toda la organización Amway.

Con un impuesto sin adornos, no hay deducciones que confundan a los contribuyentes y enriquezcan a los abogados de impuestos, no hay normas ambiguas que puedan estirarse. El IRS podría liberar a más de su personal de ejecución para que realizara un empleo más productivo porque no habría mucho espacio para la trampa. Mientras fui Presidente de la Cámara de Comercio Nacional, hablé en favor de un impuesto de una tasa única y de una baja en impuestos, sin ninguna clase de deducciones. Varios años después, en el verano de 1985, testifiqué ante un subcomité de Medios y Árbitros apoyando la reforma al sistema federal de impuesto de renta propuesta por Reagan. El sistema de impuestos federales se había salido de control y la propuesta de Reagan era el comienzo de un regreso a la sanidad de impuestos. Cuando testifiqué casi tres millones de americanos trabajaban de tiempo completo en actividades federales de cumplimiento tributario. La fuerza de trabajo en el sector privado para el cumplimiento tributario era casi treinta y dos veces la fuerza de trabajo de noventa y tres mil personas del IRS. Aunque la Ley de Impuestos propuesta por Reagan conservaba las deducciones y una estructura de tasa progresiva, la respaldé porque era una gran mejora sobre el sistema anterior. Mi ideal seguía siendo un impuesto de tasa única sin deducciones, pero una factura de impuesto de tarifa única nunca habría sido aprobada por los noventa y nueve congresistas.

Las leyes de impuestos, le dije al subcomité, no deberían usarse para efectos de política social o económica. Una Ley de Impuestos debería utilizarse únicamente para recaudar ingresos lo más justa, sencilla y eficientemente posible. Argumenté más diciendo que las utilidades corporativas no deberían usarse como una base de impuestos en lo absoluto. Primero que todo, "las utilidades corporativas" son difíciles de definir y traen a escena un ejército innecesario de abogados, contadores de impuestos y auditores del IRS. La propuesta de Reagan no eliminaba ese problema, pero cambiaba las cosas en la dirección correcta, creo. Segundo, cualquier impuesto corporativo de alguna manera se carga a las personas. Los clientes pagan precios más altos, los trabajadores reciben salarios más bajos, y los accionistas enfrentan menos utilidades. Así que la recaudación de impuestos corporativos sobre las utilidades en esencia es un impuesto engañoso y escondido para las personas. Al mismo tiempo, los competidores de las empresas pueden pagar pocos o nada de impuestos, lo cual envuelve y ahoga la equidad de nuestro sistema básico de libre empresa.

Los impuestos sobre las utilidades se cobran únicamente a quienes son competentes y exitosos; los grandes gastadores, que mantienen bajas utilidades, los operadores desordenados, los incompetentes, quedan libres de impuestos. Las empresas de crecimiento rápido con altas utilidades que algún día pueden competir de manera exitosa con la comunidad japonesa o europea encuentran que su crecimiento se ve obstruido por esos impuestos. A las empresas pequeñas, con necesidad de capital para crecer pero sin la capacidad de emitir acciones, se les niega una gran parte de una fuente importante de fondos de expansión. Cobrar impuestos a estas utilidades es ahogar a las empresas.

Se suponía que la propuesta de Reagan para una reforma tributaria sería "neutral con las utilidades", lo cual significaba que el total de impuestos tomados del sector privado seguiría igual. Cambiar el Código de Impuestos no hizo nada para facilitar la carga total de los americanos, pero si equilibró un poco más la carga e hizo que dicho Código fuera un poco menos complejo.

El Acta de Impuestos de Recuperación Económica de Reagan en 1981, que entró en vigor en 1984, redujo las tasas de impuestos marginales en todos los niveles. En 1986 el Acta de Reforma de Impuestos cortó a la mitad la tasa máxima, desde el 50% al 28%. ¿Fue esto injusto para los americanos con ingresos más bajos? No. Debido al vasto aumento de la productividad que resultó de la reducción de impuestos, la distribución de utilidades de americanos con ingresos altos aumentó aunque las tasas de impuesto marginales habían bajado. En 1980, los americanos en el 1% superior con altos ingresos estaban pagando 19,3% del total federal de impuestos de renta individuales. Para 1988 a finales de la era Reagan, ese grupo de ingresos estaba pagando el 27,6%. La estructura más plana de impuestos presentada por Reagan generó un cambio en la carga del impuesto de renta individual de los americanos con ingresos bajos y medios a los americanos con ingresos altos.

El siguiente paso sería un impuesto de tasa única según lo que Steve Forbes había sugerido en su propuesta de 1996 para la nominación republicana a la presidencia. Un impuesto de tasa única sería más sencillo, justo y menos costoso de implementar. Una declaración de impuesto podría caber en una postal que sólo tomaría tres minutos llenarla. Mi declaración de impuestos tiene 1.200 páginas. La mayoría de americanos no tiene tantos formularios para llenar, sin embargo satisfacer al IRS con la documentación adecuada puede requerir mucho tiempo. Y quiero decir mucho tiempo. Los americanos dedican cerca de 5,4 billones de horas al año para documentación relacionada con los impuestos federales. Si consideramos eso adecuadamente, la gente podría estar desempeñando una labor productiva durante ese tiempo. Esta tarea dantesca se convierte en una pérdida anual para la Economía de $159 billones de dólares, según *Costly Returns (Utilidades costosas)*, un libro publicado en 1993 por James Payne. Se requieren masas de contadores y abogados de impuestos, sin mencionar la enorme burocracia que es el IRS, para apoyar el sistema de impuesto de renta. ¡Imagina lo mejor que estaría nuestra Economía si éstas bien preparadas y muy inteligentes personas dejaran de perder tiempo en calcular impuestos y trabajaran en empleos más productivos!

Los legisladores deberían considerar la opinión de mi amigo Ed Feulner. De la forma más directa Ed propone "que Washington deje al condenado Código de Impuestos, declare moratoria sobre las cuentas de impuestos, hasta que esté listo para hacer lo que realmente debe hacer, que es: lanzar el Código de Impuestos de más de diecisiete mil páginas a la caneca de basura más grande de Washington y reemplazarlo con un sencillo impuesto de tasa única que todos puedan entender sin la ayuda de un contador, abogado o intérprete". Estoy de acuerdo con Ed. Un sistema justo con una tasa baja y única de impuestos, sin exenciones y sin tácticas del IRS tipo Gestapo, sería mucho mejor que el absurdo sistema que tenemos ahora.

Es probable que los estadounidenses no entiendan cuánto se les está cobrando de impuestos. Si hubiera alguna manera de educarlos en cuanto a la extensión y magnitud de los impuestos federales, se podría alcanzar el impulso necesario para elegir de forma democrática la salida de los políticos de la filosofía de impuesto y gasto de sus cargos. Seguramente no sea coincidencia que el día de las elecciones llegue casi exactamente seis meses después del 15 de Abril, lo más lejos posible en el calendario. ¿Qué tal si los americanos votaran el mismo día que deben pagar sus impuestos? También podríamos revocar la retención federal sobre el impuesto de renta individual. Giremos todos un cheque al IRS en Noviembre 1 en lugar de que el gobierno retenga el dinero de nuestro salario y lo conserve (sin intereses).

Pero esa es sólo la mitad de la historia. Aún si arregláramos el Código de impuestos, tendríamos que seguir cuidando nuestras billeteras porque el gobierno tiene otros medios para quitarnos el dinero.

## CAPÍTULO 14

# IMPUESTOS BAJO OTRO NOMBRE

Por décadas, Amway comerció vitaminas en una caja. Luego la Comisión de Seguridad de Productos de Consumo Masivo nos ordenó que pusiéramos en la caja un cierre de seguridad a prueba de niños. Hicimos una investigación entre nuestros consumidores y encontramos que ellos abrían la tapa y nunca la volvían a cerrar para evitar la molestia. El cierre nos cuesta cincuenta centavos cada uno y vendemos millones de cajas cada año. Haz las cuentas y puedes ver cómo las regulaciones gubernamentales nos cuestan millones de dólares al año a ti y a mí. Eso también nos puede estar matando.

Mi amigo Ed Feulner, Presidente de la Fundación Heritage, escribió que la regulación que exigía el cierre, el Decreto de Empaque para la Prevención de Envenenamiento, fácilmente puede haber hecho más daño que bien. "La razón es simple", escribió Ed. "Muchos pacientes ancianos, impedidos por varias enfermedades paralizantes, encuentran difícil abrir los envases (de medicina). Por lo tanto, no toman la medicación requerida". Un farmaceuta les habló de clientes mayores que han tratado de usar alicates, martillos, destornilladores y abrelatas manuales para poder abrir los envases. Un hombre dijo que le había funcionado pararse sobre el envase. Otra mujer afirmó que su nieta de siete años podía abrir sola el envase cuando ella no podía. Bien habrían podido nombrar ese decreto como el "Decreto de Prevención Contra el Empaque Adecuado" porque eso es lo que realmente fue. Ésta es una maravillosa ilustración de la ley de consecuencias no deseadas. Las decisiones hechas por el gobierno a menudo no han visto las consecuencias indirectas a largo plazo. Al intentar marcar cada pequeño riesgo, los reguladores del gobierno en esencia pueden alejarse de un problema y meterse en otro. Por ejemplo, los reguladores de seguridad, insistieron en que la ropa de noche de los niños retardara el fuego, sólo para luego encontrar que el químico utilizado para tratar la tela puede generar cáncer. Para cuando escribo esto hay un intenso debate sobre las bolsas de aire obligatorias en los automóviles, se ha sabido que la fuerza explosiva le ha quitado la vida a adultos, pequeños, niños e incluso nonatos. Con su "bondad", los burócratas pueden estar matándonos a nosotros y a nuestros hijos.

Lo que la regulación del gobierno falla en reconocer es que generalmente la gente puede buscar mejor sus propios intereses que un distante burócrata, y a un precio mucho más bajo. Estamos sobrecargando al público con capas y capas de costos, primero con impuestos para apoyar las inmensas burocracias gubernamentales que administra esas miles de leyes, y luego con precios más elevados necesarios para respaldar todas las actividades no productivas necesarias para cumplir con la ley. Si los americanos vieran el precio real de todas esa regulaciones, creo que la mayoría de consumidores diría: "Olvídelo, correré mis riesgos". Las regulaciones pueden ser como un medio de impuestos particularmente maligno. El gobierno dice que es necesario evitar que las empresas lastimen a la gente. En realidad, evita que las empresas *ayuden* a la gente. Por medio de la regulación, las personas y las empresas pueden estar cargadas con miles de normas y regulaciones inútiles que típicamente resultan frenando la Economía. Se ha sacado a millones de personas de un empleo productivo que genera riqueza para convertirlas en burócratas anónimos. Estos ejércitos de burócratas desvían la atención de los empresarios, para que no hagan el trabajo legítimo y necesario de proveer mejores bienes a sus clientes a precios más bajos. Los ejecutivos pasan muchas y muchas horas inútiles por año llenando formularios en una improductiva y costosa confrontación legal con las agencias gubernamentales.

Los americanos han olvidado las sabias palabras de James Madison, quien advirtió sobre los peligros de una pesada regulación:

> "Para la gente será de poco provecho que las leyes hechas por los hombres de su elección, si éstas son tan voluminosas que no se pueden leer, o tan incoherentes que no se pueden entender; si son derogadas o revisadas antes de ser promulgadas, o se someten a cambios incesantes que ningún hombre, que conoce cómo es la ley hoy, puede adivinar cómo será mañana".

¿Cómo se compara la carga regulatoria con la carga de impuestos? El Día de la Libertad de Impuestos, la fecha anual en la que el americano promedio, si comenzara el año trabajando sólo para pagar impuestos, finalmente, quedaría libre para generar ingresos para sí mismo, es una forma de observar cuánta de nuestra vida productiva se va pagando impuestos. En 1902 el Día de la Libertad de Impuestos cayó el 31 de Enero. Veintitrés años después, la carga de impuestos había avanzado sólo levemente hasta el 6 de Febrero. Luego vino la Gran Depresión y con ella llegaron cientos de programas gubernamentales. En 1930 el Día de la Libertad de Impuestos quedó el 13 de Febrero y durante los siguientes quince años avanzó más en el año de cada contribuyente hasta que en 1945 los contribuyentes estaban trabajando para el Tío Sam hasta el Día de los Inocentes, el Primero de Abril. Esto refleja aproximadamente una duplicación de la carga de impuestos durante un periodo de quince años. Fueron necesarias tres décadas más, pero la fecha luego llegó a Mayo en 1974. Bajo el Presidente Bush, el Día de la Libertad de Impuestos sólo avanzó un día desde Mayo 1 en 1980 a Mayo 2 en 1988. El Presidente Clinton ha presidido durante el cambio más dramático (en cualquier dirección) del Día de la Libertad de Impuestos que se haya dado en un periodo desde la administración del Presidente Johnson. En 1992 el Día de la Libertad de Impuestos cayó el 30 de Abril, mientras que en 1997, los americanos no pudieron empezar a trabajar para generar su ingreso hasta el 9 de Mayo.

Pero el Día de la Libertad de Impuestos, no se acerca a un estimado de la carga total impuesta sobre los americanos por parte del gobierno federal. Desde 1865, y en especial desde que Franklin D. Roosevelt tomó posesión en 1933, la regulación federal ha estado minando la fortaleza de Estados Unidos, encadenando empresas y destruyendo nuestra habilidad para competir en el mercado mundial. El mejor estimado de la carga regulatoria federal que conozco, un estudio realizado por Thomas Hopkins del Instituto de Tecnología Rochester, pone el costo de cumplir con la Ley regulatoria en $668 billones de dólares en 1995. En ese año las normas federales le costaron $7.000 dólares a un hogar promedio de Estados Unidos, $1.000 dólares más que su promedio de impuesto de renta. Tan malo como suena, el estudio del señor Hopkins está por debajo del estimado, sólo incluye los costos de cumplir con las leyes regulatorias para las que se han realizado estudios de costos. Por ejemplo, no está incluido el costo de ajustarse a las nuevas regulaciones. Si el estimado del señor Hopkins respecto a la carga de la Ley regulatoria se añadiera a la carga de impuestos, los americanos pasarían la mayor parte del año trabajando para el Tío Sam.

La regulación federal puede afectar no solamente a los grandes empleadores sino también a las empresas en casa. Esto, desde luego, es algo por lo que estamos muy preocupados en Amway. Así que cuando los reguladores sujetaron a las empresas de tejidos caseros en Vermont en 1979, yo estaba prestando mucha atención. El Departamento del Trabajo de los Estados Unidos, entonces dirigido por Ray Marshal, nombrado por Carter, envió agentes a varios hogares de Vermont, donde encontraron a un grupo de mujeres tejiendo suéteres, bufandas y sombreros para esquiar, sin los beneficios de la protección sindical. Estas mujeres vendían esos artículos para obtener utilidades, lo cual era una violación a unas confusas disposiciones del Decreto de Estándares de Trabajo Justo. Estas regulaciones prohíben la fabricación casera de siete productos específicos, incluyendo ropa exterior tejida, que compite con las industrias sindicalizadas.

Finalmente los tejedores ganaron, después que Reagan nombrara a un nuevo Secretario de Trabajo que abolió la norma, pero el caso ilustra un problema más grande con la regulación. ¿Qué hay de malo con un grupo de mujeres trabajando en sus casas para crear un producto útil, y por qué el gobierno federal debería sentir la necesidad de evitar esa clase de comportamiento productivo?

El organismo de Ley reguladora se ha convertido en una usurpación masiva a la soberanía de otras "esferas" de autoridad (para nuevamente emplear el término de Abraham Kuyper). Éste no es un problema nuevo. En 1840, Alexis de Tocqueville comparó la joven república americana con el gobierno europeo, el cual se había expandido hasta los dominios de los individuos y las instituciones privadas:

> "La autoridad del gobierno no sólo se ha esparcido, como acabamos de verlo, por la esfera de todos los poderes existentes, al punto que esa esfera ya no la puede contener, sino que va más allá e invade el dominio hasta ahora reservado para la independencia privada. Una multitud de acciones que antes estaban completamente por fuera del control de la administración pública, han sido sujetadas bajo ese control en nuestro tiempo, y el número de ellas está aumentando constantemente".

Esto pudo haber sido escrito en 1998. Definitivamente no hay nada nuevo debajo del sol. Pero Tocqueville prosigue:

> "Es evidente que la mayoría de nuestros legisladores no van a estar contentos con gobernar colectivamente al pueblo; parecerá como si se sintieran responsables de las acciones y condiciones privadas de sus gobernados, como si hubieran asumido dirigir e instruir a cada uno en los diferentes aspectos de la vida y asegurar su felicidad casi independientemente de su propio consentimiento. Por otro lado, los individuos privados se hacen más y más aptos para ver al poder supremo bajo la misma luz; invocan su ayuda para todas sus necesidades, y fijan sus ojos en la administración como si fuera su mentor o guía".

Las agencias reguladoras del gobierno actúan como si creyeran que los americanos tienen la inteligencia colectiva de una seta. A veces, como lo señaló Tocqueville, los ciudadanos de una nación lo provocan para sí mismos cuando se rehúsan a responsabilizarse de sus propias acciones. Pero, con frecuencia, las regulaciones parecen ser el resultado de un comité desorganizado de incompetentes. Las decisiones de Washington las toman hombres tan alejados del problema que ni siquiera conocen el asunto. Una sociedad sin planeación contiene mejor planeación porque la gente que toma las decisiones es la más cercana al problema.

En conclusión, la regulación puede llevar a la destrucción de la cultura y la sociedad. Después de comentar los peligros de una intervención innecesaria por parte del gobierno, Tocqueville escribió su preocupación respecto al pueblo americano:

> "No temo que se encuentren con tiranos entre sus legisladores, sino con guardianes". "Un gobierno dirigido por estos hombres", prosiguió, "no destruye sino que evita la existencia; no tiraniza, sino que comprime, enerva, extingue y embrutece al pueblo, hasta que es reducido a nada mejor que un rebaño de animales tímidos y productivos, de los cuales el gobierno es el pastor".

CAPÍTULO 15

# UN CIMIENTO FIRME

Con los años he recibido una buena cantidad de críticas por mezclar mi fe cristiana con mis perspectivas conservadoras sobre Economía y Política. Supongo que algunas personas piensan que es un crimen creer en una autoridad absoluta y luego permitir que esa creencia influya en todas las áreas de tu vida. De lo que realmente se trata esto, creo, es que hay una desconfianza básica en los negocios basadas en ideas erróneas y verdades a medias. En 1985, el ensayista y editor Lewis Lapham escribió: "La genialidad del Capitalismo consiste precisamente en su carencia de moralidad. A menos que sea lo suficientemente rico como para comprar su propio coro, un capitalista es una persona que, por definición, no pueden darse el lujo de creer en cualquier cosa que no sea la doctrina de las ganancias". En mi opinión él no podría estar más equivocado. Muchas personas creen que vincular la palabra cristiano con capitalista es una contradicción, pero creo que el Capitalismo y la libre empresa funcionan mejor dentro del contexto de valores judeo-cristianos. Los empresarios exitosos, aunque no todos asisten a la iglesia, saben que no pueden tener éxito por mucho tiempo por medio de la deshonestidad, la avaricia y la pereza. Esto es debido a que Dios no organizó el mundo para castigar a los que siguieran sus mandamientos. En este mundo hay beneficios reales para el comportamiento moral, además de una recompensa celestial.

Amway es una de muchas empresas que han tomado posturas morales donde éstas podían parecer financieramente tontas. Por ejemplo, nos hemos comprometido a cerrar por completo nuestras instalaciones los domingos, así muchos genios financieros nos digan que debemos tener nuestras máquinas en marcha siete días a la semana para hacer mejor uso de nuestro capital. Rich y yo sostenemos la posición de que Dios diseñó a los humanos para tener un día de descanso cada semana, y sería hipócrita de nuestra parte pedirle a miles de empleados que trabajen en ese día. Esta idea no sólo nos da la oportunidad para alabar a Dios y tener descanso físico; nos permite tener tiempo en familia y con los amigos que nuestras ocupadas vidas no siempre nos lo permiten. Cerrar los domingos tuvo sus costos, pero en un sentido amplio pensamos que esa política nos ha ayudado. Seguir las ideas tradicionales de moralidad tiene sus beneficios, espirituales y materiales.

Rich y yo hemos predicado los principios de la libre empresa desde el comienzo porque creemos que ofrecen la mejor oportunidad para que un hombre llegue a ser aquello para lo que Dios lo diseñó. Sorprendentemente, no todos en Amway comparten este punto de vista. En una ocasión Rich conoció a un distribuidor de Francia que profesaba ser comunista.

"¿Cómo puede usted estar en Amway", preguntó Rich, "cuando el sistema de libre empresa de Amway está fundamentado o pone su énfasis en la persona y su filosofía pone el énfasis en el Estado?"

El francés respondió: "Es fácil. Necesito el dinero". Es desconcertante para mí que alguien que sea muy trabajador, como nuestro distribuidor francés, apele a un sistema que toma la riqueza de otros trabajadores y se confíe a los burócratas del Estado. Pero eso es otra bendición de la libertad. Nuestro distribuidor francés cree en el Comunismo, así se gane la vida a expensas del Capitalismo.

Además del aumentado éxito material que sabíamos atraería a todos dentro de una sociedad libre, hay otro factor en juego. La libertad es un concepto ético. Si Amway iba a ser dirigida de una manera ética, sabíamos que debíamos hacer énfasis en esos principios morales que conducen a una sociedad libre. Cada persona que disfrutó o haya disfrutado del éxito en Amway, le debe ese éxito a Dios, lo reconozca o no. Es por la Gracia de Dios que tenemos libertad en esta gran nación, y es por la Gracia de Dios que seguiremos teniendo libertad. Sólo una sociedad establecida sobre los principios morales encontrados en la Biblia será una sociedad libre. Al sostener esta opinión, consideramos que estamos en buena compañía, la sociedad americana primitiva estuvo fundamentada en esa misma idea. En 1797, George Washington dijo en su discurso de despedida que "de todas las disposiciones y hábitos que conducen a la prosperidad democrática, la Religión y la moral son apoyos indispensables".

Sin la estabilidad de la moral cristiana y el consenso ético, una sociedad de libertad, fácilmente puede convertirse en una sociedad de libertinaje. Si el criterio del bien es aquello que se siente bien, entonces nuestra sociedad se vuelve hedonista y se destruye a sí misma desde adentro. Una sociedad atea niega que Dios haya creado a la humanidad, niega el propósito de la vida, niega una recompensa final para el bien y un castigo para el mal, destruye el respeto por la vida humana, y elimina la integridad moral. Aún así, el mundo en el que vivimos está perdiendo el consenso moral que mantiene unida a la sociedad humana.

Para muchas personas fue sorprendente que Rich y yo, como empresarios cristianos, mencionáramos la decadencia moral en las reuniones de distribuidores de Amway. En una sociedad que cada vez más rechaza cualquier cosa que huela a fe tradicional y moral, fuimos fuertemente criticados por el tono evangelista que tomaron muchas reuniones de Amway. Es cierto que ninguna empresa puede ser religiosa en el sentido de que las personas pueden ser religiosas, pero muchos distribuidores de Amway aceptaron que puede no ser impropio invitar a predicadores y otros conferencistas religiosos a reuniones y otros eventos. Por esa posición Amway fue el objeto de muchos criticones y acusadores, pero Rich y yo veíamos nuestra fe como algo que no se podía separar de la manera como hacíamos negocios.

Pero en algunas ocasiones las reuniones comenzaron a perder su enfoque de negocios original. A veces teníamos que refrenar a distribuidores que querían convertir lo que era una reunión de negocios en una cruzada religiosa, y distribuidores que insistían en usar nuestras reuniones sólo para presumir de sus ropas y joyería fina. Se necesitaba un sentido de equilibrio. Una empresa les da a todos la oportunidad de vivir su llamado, proveer para su familia, y aportar a una causa que vale la pena. Pero cuando la virtud cristiana está ausente, la obtención de riquezas no es nada más que una distracción de las cosas eternas.

A medida que Amway ganó un perfil más elevado, el énfasis en la libre empresa y el tradicional tono religioso de algunas de nuestras reuniones nos hizo objetivos de estadistas, teólogos liberales y ateos. Periodistas liberales, columnistas, anfitriones de programas de entrevistas y cualquier otra persona que odiara las ideas conservadoras, nos atacaban. No es que excluyéramos a personas de Amway por sus posiciones políticas o religiosas. Como el distribuidor francés comunista, toda clase de personas han encontrado éxito por medio de Amway. Pero a nuestro juicio, el sistema de empresa de Amway (y de todas las otras empresas) floreció mejor bajo un sistema moral de libre empresa. Los políticos de izquierda querían reducir el sistema de libre empresa, y los teólogos de izquierda no entendían cómo el Capitalismo podía de alguna manera ser compasivo o moral.

Durante los años setenta pudimos hacer grandes aportes a organizaciones conservadoras, al partido republicano, y a algunas campañas políticas individuales, lo cual irritó infinitamente a los liberales. Pero nuestras contribuciones políticas y otras actividades fueron simplemente cuestión de supervivencia. El empresario independiente trabajando en un sistema de libre empresa era una especie en peligro, y Rich y yo íbamos a luchar por esa protección. En ocasiones esa lucha nos llevó hasta los niveles más altos de gobierno.

# CAPÍTULO 16

# ¿SIEMPRE REPUBLICANO?

Cuando Ronald Reagan asumió la presidencia en 1981, esperé ver grandes reducciones en la carga regulatoria durante los siguientes años. Desafortunadamente el Congreso logró sabotear muchos de los planes de la administración de Reagan, y muchos conservadores no obtuvieron los resultados que esperaban. Para finales de 1982, muchas de las regulaciones exageradas seguían en rigor, en la mayoría de las industrias había muchos formularios por completar y normas que cumplir. Por lo menos había una actitud diferente por parte de las personas que hacían la regulación. Pero la industria seguía tratando con la misma estructura regulatoria.

La tasa de aumento de la carga regulatoria declinó sustancialmente durante la administración Reagan. En mis discursos para la Cámara de Comercio de los Estados Unidos, informé que durante la administración de Carter salían nuevas leyes regulatorias para los Estados Unidos a una tasa de mil páginas por semana, o cincuenta mil páginas al año. Incluso los abogados cuyo negocio es conocer las regulaciones federales no podían mantenerse al día con todo eso. La administración Reagan cortó esto a sólo unas pocas páginas por semana.

La administración Reagan también hizo un muy buen trabajo de comunicar ideas conservadoras al pueblo americano. La población promedio adoptó esas ideas en 1980 y nuevamente en 1984 porque vieron en ellas una solución a las peligrosas políticas económicas. Aunque

Reagan no tuvo éxito superando el problema del déficit, hizo un muy buen trabajo de educar al pueblo al respecto. A Reagan le hicieron falta herramientas para superar el déficit, pero entendió los riesgos que tenía el hacer funcionar la Economía con deudas como fundamento. Si el Congreso hubiera estado de su parte, habríamos podido obtener un presupuesto más pequeño y equilibrado.

En 1984, a finales del primer periodo de Reagan, los empresarios americanos formaron 635.000 nuevas empresas, un aumento porcentual asombroso y sin precedentes de 19% en comparación con 1980. "Una sociedad de oportunidades nos espera" dijo el Presidente Reagan ese año. "Sólo debemos creer en nosotros mismos y darles a hombres y mujeres de fe, valor y visión, la libertad para construirla". Esta filosofía contagiosa de "podemos hacerlo" hizo eco en los americanos de todas las posiciones políticas y el resultado fue un fantástico crecimiento.

Todo este crecimiento no se limitó a los grupos de mayores ingresos, como afirmaron los oponentes de Reagan. En 1984, la recuperación orientada a la inversión produjo la más notoria reducción de la tasa de pobreza en once años que se hubiera dado en el transcurso de un año. El bureau del censo reportó que el número de americanos en, o por debajo del nivel de ingresos de pobreza, se redujo en 1,8 millones de personas ese año, una muestra positiva de que las prescripciones de Reagan estaban funcionando. En un editorial el *Detroit News* informó que esta reducción era "la plena reivindicación de las tesis de Reagan de que es el crecimiento económico y no el gasto social lo que realmente lucha contra la pobreza". ¿Y se preguntan por qué soy admirador de Ronald Reagan?

## CONOCIENDO AL PRESIDENTE

Rich y yo conocimos a Ronald Reagan durante su campaña presidencial de 1980. A medida que Reagan comenzó a progresar en las elecciones primarias, fue a Palm Springs en busca de consejos por parte del Presidente Ford. Durante su conversación Ford nos mencionó a Rich y a mí y le dijo a Reagan que debía conocernos. Así que Bill Casey, quien estaba trabajando para la campaña de Reagan después de las elecciones primarias de New Hampshire, llamó a John Gartland de la oficina de Amway en Washington D.C. y John pudo acordar una cita para que conociéramos a Reagan en su oficina de Los Ángeles.

Rich y yo rápidamente quedamos impresionados con Reagan. Después de la década de los setenta, la cual había generado una Economía afectada y nuevas decadencias en la moral, los americanos necesitaban un hombre como Reagan para reconstruir la confianza en su país. Hablamos con Reagan un buen rato y lo animamos a elegir a George Bush como Vicepresidente y a Alexander Haig como Secretario de Estado, lo cual hizo.

Después de la visita, Rich y yo decidimos orquestar una campaña independiente para expresar nuestro apoyo a la candidatura de Ronald Reagan. Desde luego, no podíamos usar dinero de la empresa ni emplear a nuestros distribuidores para apoyar su candidatura, pero hicimos lo que podíamos hacer. Compramos anuncios por nuestra propia cuenta, con nuestras fotos, y los publicamos en periódicos por todo el país expresando nuestro apoyo a Reagan.

En una ocasión el Presidente Reagan y yo pudimos reunirnos en la Oficina Oval, la cual es sorprendentemente pequeña considerando el cargo de su ocupante, pero está ricamente decorada para reflejar la Historia Colonial de los Estados Unidos y los gustos del presidente. En los años de Reagan la oficina sólo tenía algunos muebles, dos sofás, uno frente al otro separados por una mesa de café de caoba, frente al gran escritorio de madera de Reagan. El escritorio se veía limpio y ordenado, sugiriendo que Reagan de hecho no pasaba mucho tiempo detrás del mismo. Detrás del escritorio había un anaquel con fotos enmarcadas y recordatorios no muy diferentes a los que pueden adornar la oficina de un presidente corporativo. El extenso césped de la Casa Blanca se veía desde las grandes ventanas a prueba de balas enmarcadas con pesadas cortinas color verde.

Recuerdo sentarme con Reagan en los sofás de la Oficina Oval y discutir sobre técnicas de liderazgo. Un mayordomo de la marina nos sirvió café y nos dejó solos para hablar. Reagan había estado teniendo algunos problemas para saber toda verdad de parte de algunos de los miembros de su equipo, un problema que yo había enfrentado no mucho antes. El Presidente de los Estados Unidos y el director de una gran empresa pueden enfrentar las mismas dificultades, ambos se ven acosados por personas tratando de darles información un poco sesgada según su punto de vista. Cualquier persona en un alto cargo debe tener asistentes buenos y confiables, pero es importante que tenga una amplia variedad de fuentes de información sin importar quiénes sean los asistentes. De lo contrario corremos el riesgo de vernos aislados, sin la capacidad de obtener información consistente y confiable. Esto nos hace susceptibles de ser manipulados por quienes nos rodean. "La parcialidad en la información siempre está presente, dije; la clave es detectarla antes que cause problemas". Así que le conté a Reagan sobre mi sistema de usar tres fuentes de información que no tengan relación entre sí. Cada fuente de información se confronta con las otras dos para confirmarla. Cada persona que me informa ve las cosas desde su perspectiva en particular. Generalmente tres fuentes de información son suficientes para obtener un cuadro completo de la situación y así tomar una decisión mucho más inteligente.

Respaldé a Reagan en la gran mayoría de sus políticas, pero hubo momentos en los que tuve que pararme firme en un esfuerzo por evitar que cometiera un error. Alrededor del tercer año de su administración, algunos miembros de su equipo lo persuadieron de que era necesario hacer un aumento en los impuestos para cortar el déficit. El entonces Presidente de la Cámara de Comercio fue llamado a la Casa Blanca para discutir el asunto, y salió respaldando ese incremento en los impuestos. En ésa época yo era el Director del Comité Ejecutivo de la Cámara de Comercio y tajantemente me rehusé al aumento de los impuestos. Con Tom Donohue (mi amigo cercano y que en la actualidad es el Presidente de la Cámara de Comercio de los Estados Unidos) lideramos la oposición al aumento en los impuestos entre la Junta de la Cámara. No paso mucho tiempo para que Reagan me llamara desde el avión *Air Force One*. Por cuarenta y cinco minutos iba y venía sobre el tema del aumento de impuestos, tratando de convencerme de que era un mal necesario, y yo tratando de persuadirlo que buscara más recortes en el gasto. Ninguno de los dos cedió. Creo que a Reagan le dolió seguir con el incremento de los impuestos, pero tuvo que seguir lo que pensaba que era mejor para la Economía en ese momento, y yo hice lo mismo.

## ¿EL SIGUIENTE PRESIDENTE?

Los días de Reagan ya pasaron hace mucho tiempo, pero a muchos americanos les gustaría ver un renacimiento de los principios de gobierno limitado y responsabilidad monetaria. Sin embargo ningún partido político importante parece capaz de lanzar un candidato presidencial que siga esos principios y pueda comunicarlos de manera efectiva al pueblo americano.

El candidato ideal defendería firmemente los impuestos más bajos, menos gasto en programas de gobierno innecesarios y un comercio internacional menos restrictivo. Entendería la necesidad de una reducción dramática de la regulación y estaría dispuesto a eliminar las agencias gubernamentales innecesarias e inconstitucionales. Sería un hombre íntegro, firme en asuntos morales, fiel a su esposa e hijos e inflexible con sus firmes principios éticos. El candidato lucharía por la libertad individual y de la familia y a favor de un regreso a las estrictas limitaciones constitucionales sobre el poder y alcance del gobierno federal. Finalmente, una vez posicionado, ese presidente no vacilaría en sus principios ni faltaría a sus promesas.

Si el candidato es el correcto, en realidad no me importa mucho cuál partido político lo respalde. Aunque he dado ampliamente para el partido republicano, mi lealtad es con los principios, no con un partido. Los partidos políticos vienen y van, y sus plataformas son objeto de cambio sin previo aviso. Cuando me acerco a una cabina electoral el día de elecciones, veo delante de mí los nombres de candidatos para cargos federales, estatales u locales, cada uno con una etiqueta, usualmente republicano o demócrata. A menudo las etiquetas son de ayuda. Sirven con el mismo propósito que tiene una marca o un logotipo. Pero a veces las distinciones entre los partidos se vuelven borrosas y la etiqueta "republicano" o "demócrata" pierde su valor para el votante. Hay republicanos que respaldan gastos más elevados por parte del gobierno y creen que deberían ser los recaudadores de impuestos para el bien del Estado, y hay algunos demócratas que sinceramente creen en un gobierno limitado y en la libertad y crecimiento económico. Los dos partidos tienen tendencias claras en una u otra dirección, pero ninguno de los dos demuestra un compromiso consistente con una serie inmodificable de reglas.

Probablemente es por esto que la cantidad de votantes americanos que se considera "independiente" ha ido en aumento de manera constante durante mi vida. Entre menos distinciones haya entre partidos, menos personas se molestarán en pertenecer a (o votar por) un partido u otro. Los dos partidos políticos más importantes se han vuelto ideológicamente descuidados, débiles incluso en las bases importantes de la plataforma del partido, adoptando inconscientemente la idea y retórica de la presunta oposición. Con decisiones como éstas, no es sorprendente que hoy más votantes individuales se rehúsen a votar directamente por un partido, sino que elijan candidatos de los dos partidos tradicionales e incluso de otros partidos.

En el mundo de hoy compiten dos filosofías políticas básicas. La primera es que el gobierno civil debería tener más poder y más control sobre nuestras vidas y nuestros bienes materiales, y la segunda es que el gobierno debería tener menos de ese poder y control. En los Estados Unidos, deberíamos esperar que nuestros dos partidos políticos más importantes reflejaran esa diferencia.

¿Cuál de los dos partidos políticos más importantes mantendrá una filosofía de impuestos bajos y gobierno pequeño en el futuro? Puede parecer que el partido republicano tiene un bloqueo en esta posición, pero algunos republicanos prominentes recientemente han adoptado impuestos más altos y presupuestos gubernamentales más altos y han respaldado algunos de los programas liberales de la administración Clinton. Y aunque los demócratas en este momento siguen la filosofía del gobierno grande, es posible que el partido vuelva a los principios de gobierno limitado, y bajos impuestos de Thomas Jefferson, Andrew Jackson y el Franklin D. Roosevelt, de antes de 1932.

Y si eso sucede, podrás ser testigo de un milagro en alguna cabina electoral en Ada, Michigan.

## CAPÍTULO 17

# EL EMPRESARIO COMO AMBIENTALISTA

Con frecuencia el público nos ha percibido a nosotros los empresarios como misantrópicos, despilfarradores y egocéntricos. Ser catalogado como el villano no es nada nuevo para los empresarios. Siempre hemos tenido nuestros detractores. Pero catalogarnos como perversos explotadores del medio ambiente es injusto e ignorante. Algunas personas se rehúsan a escuchar nuestro punto de vista; con frecuencia tienen una actitud de "no me molestes con los datos reales".

Recuerdo que en una ocasión enviamos a uno de nuestros químicos, un hombre con toda una vida de experiencia en Química, a una reunión en Wisconsin que tenía que ver con fosfatos en los detergentes. Durante su presentación una agitada mujer le gritó desde el público: "¡Pero no le podemos creer, usted es empresario!" Un especialista enviado por la Asociación de Jabones y Detergentes a una reunión en el condado de Suffolk, New York, recibió un tratamiento más severo. El condado estaba por adoptar un decreto que prohibía la venta de todos los detergentes y allí estaba presente un grupo de representantes de organizaciones ambientalistas y del consumidor. Recibió tales insultos de palabras de cuatro letras por parte de estas personas, que aseguró nunca volver a someterse a tales insultos al atestiguar en reuniones similares.

Es fácil hacer acusaciones, frecuentemente destructivas. En casos excepcionales, si se nos da la oportunidad de defendernos contra esos golpes bajos, usualmente es muy costoso. En una ocasión un pequeño grupo de estudiantes universitarios publicó una lista de detergentes que contenían el criticado fosfato, con la intensión de disuadir a los consumidores de no usarlos. Esta lista fue aceptada por la prensa sin ningún cuestionamiento y se imprimió literalmente en miles de publicaciones por todos los Estados Unidos y Canadá. Llegó a revistas, circulares de empresas e incluso libros. Millones que la vieron la tomaron como una verdad infalible. Pero estaba tan llena de errores que si un empresario hubiera redactado esa información, probablemente habría sido multado o incluso habría ido a prisión. La lista se mantuvo por años, aún mucho tiempo después que el grupo que había reunido esta información errónea se disolviera.

Incluso el gobierno es culpable por esparcir información tan dañina (Probablemente no me debería sorprender mucho). En una ocasión la Comisión Federal de la Calidad del Agua hizo una lista del contenido de fosfato en los detergentes y se la dio a la prensa. No puedo garantizar los productos de las otras empresas, pero sus cifras eran completamente equivocadas en cuatro de cinco productos nuestros. Pero la única manera como podíamos responder a esta falsa acusación hecha por los mismo burócratas del gobierno que apoyamos con el dinero de nuestros impuestos, era pagar publicidad en doscientos periódicos para anunciar la corrección. Y, desde luego, la credibilidad de un anuncio pagado frente a publicaciones del gobierno es dudosa. Posteriormente recibimos dos cartas de la agencia admitiendo un error de una forma indirecta, pero no se manifestó una disculpa o corrección pública. Si yo, como empresario hago afirmaciones falsas acerca de mis competidores, estoy sujeto a ser demandado. Pero al parecer los burócratas del gobierno dicen casi cualquier cosa y quedan libres, no sólo de su responsabilidad por los errores, sino también para seguir haciendo Política.

Mucho del discurso del fin del mundo ecológico lo difunden quienes en realidad no creen que Dios gobierne el universo. El hombre tiene la responsabilidad, desde luego, de economizar cuidadosamente los recursos de la tierra. Va a tener que seguir haciendo uso de toda la capacidad mental unida de la raza humana para utilizar y reutilizar los recursos del planeta para satisfacer sus necesidades. Incluso, puede tener que trabajar más para obtener los mismos resultados. Así como cree haber encontrado nuevas formas de darse más tiempo libre y menos trabajo, el ser humano probablemente encuentre que tiene que trabajar más duro para obtener los recursos que respalden los sistemas nuevos y más eficientes.

Amway comenzó en 1959 con un producto, Líquido Orgánico Concentrado (o Limpiador LOC para Todo Propósito). Lo maravilloso en cuanto a LOC consistió que fue un líder en la eliminación de impactos ambientales negativos. Las personas más jóvenes no recordarán los grandes montones de espuma flotante que solía aparecer en la superficie de los ríos y arroyos como consecuencia de las moléculas de detergentes de base dura o de cadena ramificada. No era extraño ver espuma de jabón amontonada en el piso afuera de tu casa debajo de los grifos exteriores. Amway probablemente fue la primera empresa de cualquier tamaño en comercializar detergentes biodegradables. Cualquier producto que fabricáramos y que podía llegar al suelo o a aguas superficiales, tenía propiedades biodegradables rápidas. LOC también era un limpiador sin fosfato, lo cual ayudaba a mantener los lagos y arroyos libres de eutrofización, la asfixia de las aguas superficiales debido al crecimiento masivo de algas.

A los más grandes fabricantes de jabones les tomó casi diez años producir y vender detergentes similares sin fosfato, y sólo después que varios estados habían aprobado rigorosas leyes ambientales que prohibían el uso de fosfatos.

Como Amway estaba adelantado en la industria en cuanto a lo relacionado con el desarrollo de limpiadores sin fosfato, las leyes que se aprobaron exigiendo productos sin fosfato, no nos afectaron mucho. Sin embargo le prestamos mucha atención a la legislación. La regulación ambiental tiene una manera de expandirse rápidamente, las leyes que no nos afectan hoy fácilmente nos podrían arruinar mañana. Lo que observamos fue un proceso burocrático sin sentido que puede destruir empresas casi de un día para otro y puede hacer mucho más daño al ambiente que el que genera una industria sin regulación.

Algunas empresas pudieron producir limpiadores sin fosfato pero esto sólo se logró sustituyendo algunos ingredientes que pueden ser mucho más dañinos para la salud humana y el medio ambiente que los mismos fosfatos. Desde luego, los burócratas se concentraron sólo en la reducción de fosfato, y se negaron a considerar el daño al medio ambiente que podía hacerse con el uso de alternativas. La acción legislativa se realizó antes que se conocieran todos los hechos y la solución fue peor que el problema. La gente escuchaba historias de terror en los medios y no le prestaba atención a la verdad. Estaban tan seguros de que la industria de los jabones estaba tratando de cuidar sus intereses, que ignoraron a los científicos de la industria. Se exigía una acción inmediata.

La gente parece olvidar que los mercados libres pueden y encuentran formas de cómo reducir la polución. De hecho, entre menos una nación permita la libre empresa y la propiedad privada, es más probable que tenga severos problemas de polución. Un caso en este aspecto es la devastación ambiental de los países de Europa del Este después de décadas de dominio comunista. El Programa de Vigilancia Ambiental Global de las Naciones Unidas encontró que la polución en esas naciones "está entre las peores de la superficie de la tierra". Ochenta por ciento de los ríos, lagos y arroyos en la antigua Alemania Oriental están demasiado contaminados para pescar o nadar en ellos, y mucho menos beber de ellos. La polución del aire en algunas ciudades de Europa Oriental es tan mala que los autos deben encender las luces durante el día. Las personas que afirman que la regulación y la propiedad gubernamentales son la respuesta a los problemas ambientales deberían tener presentes a estos países controlados por el gobierno.

Incluso en nuestro país la polución abunda donde no hay derechos de propiedad privada. Ríos, playas, vías y muchos parques públicos son botaderos insalubres y antiestéticos. A menudo los lugares más limpios son las propiedades privadas. Los jardines privados bien conservados a menudo abiertos al público, son los mejores ejemplos de los efectos limpiadores de la propiedad privada. Situados cerca de la casa de vacaciones de Franklin D. Roosevelt en Warm Springs, Georgia, están los hermosos Jardines Callaway, un paraíso natural rebosante de prósperas plantas y especies animales. En Grand Rapids están los jardines Frederick Meijer, que preservan atractivas y extensas superficies verdes en una zona altamente poblada.

Ésta es la tierra de Dios, creada por Él como un hogar temporal para el hombre. Su intención era que la utilizáramos y fuimos creados de tal manera que debemos usarla para apoyar nuestra existencia física. De la tierra debe provenir todo nuestro bienestar material, la mayoría del cual se extrae con energía y mentalidad humana. Pero desperdiciarla, destruirla sin necesidad, es tirarle el regalo a Dios por la cara. Eso es exactamente lo que hace la planeación ambiental socialista. En contraste, un sistema político legal que permite que las personas disfruten del fruto de su labor y reciban las utilidades de su inversión en el medio ambiente, sacará lo mejor de nuestros recursos naturales y reducirá la polución innecesaria.

El hombre no es un intruso que daña el equilibrio ecológico de la tierra, la cual fue creada para que todos los hombres la usen conscientemente. Al hombre le fue dado el dominio sobre los animales y Dios le ordenó que llenara y sojuzgara la tierra. Ésta no es una ética cristiana desactualizada, Dios nunca revocó ese decreto. El hombre no fue una idea tardía en la creación de Dios. El mundo sin el hombre sería como una casa si habitantes. En la tierra, el hombre no interrumpe el orden natural de las cosas; él es el orden natural de las cosas.

Por mucho tiempo Rich y yo hemos sentido la obligación de trabajar tanto con la comunidad local como la internacional para aumentar la calidad de vida humana y mejorar el medio ambiente. Desde el primer envase de Líquido Orgánico Concentrado que Amway vendió en 1959, hemos buscado mantener una línea de productos que sea satisfactoria para el consumidor y tenga bajo impacto en el medio ambiente. Muchos de nuestros productos se venden en forma concentrada, lo cual reduce los desperdicios de empaque y también reduce los costos de transporte y almacenamiento de Amway. Siempre hemos deseado ser un buen vecino con quienes viven en el área de Grand Rapids, y con esto presente, nuestras instalaciones de producción y de procesos están diseñadas para minimizar el impacto sobre los cuerpos de agua locales y la atmósfera.

A medida que Amway maduró como empresa y siguió creciendo internacionalmente en los años 1980, Rich y yo, junto con algunos funcionarios corporativos y gerentes, comenzamos a usar nuestra fortaleza financiera para hacer una diferencia en los proyectos ambientales internacionales. El primer gran proyecto, uno que nos llevaría a trabajos ambientales similares en el futuro, fue una expedición en 1989 hasta el Polo Norte llamada Icewalk.

Icewalk presentó a un equipo de ocho miembros de siete países diferentes, liderado por el explorador Robert Swan, quien recorrió quinientas millas hacia el Polo Norte a pie y en esquís. Además de alcanzar la meta de ser el primer equipo en caminar al Polo Norte, los miembros del equipo le dieron al mundo la oportunidad de dramatizar la importancia de preservar el prístino ambiente ártico. Nosotros proporcionamos casi todos los fondos para le expedición lo cual generó respeto y la admiración hacia Amway en todo el mundo. Amway también patrocinó una Expedición Estudiantil Icewalk para veintidós personas de quince países diferentes. Por nuestros esfuerzos con Icewalk y los esfuerzos por crear consciencia de los asuntos ambientales en todo el mundo, Amway obtuvo el prestigioso premio del Programa Ambiental de Naciones Unidas al Logro Ambiental en el Día Mundial del Medio Ambiente en 1989.

Ese mismo día fue la inauguración de Maestros del Ártico, una exhibición de Arte llamada Arte al Servicio de la Tierra en la Asamblea General de las Naciones Unidas en New York. Esta presentación sin precedentes de Arte Inuit (esquimal), que promovió el respeto mundial por la cultura de los pueblos circumpolares, se convirtió en la pieza central del programa de consciencia ambiental de Amway.

Nos involucramos con el Arte Ártico por medio de mi amigo Bill Nicholson. Bill estaba en Aspen en uno de sus frecuentes viajes para esquiar y vio unas piezas de escultura Inuit en los estantes de una galería de Arte allá. El director de la galería le dijo a Bill que Naciones Unidas estaba planeando una gran exhibición de este Arte Inuit en la ciudad de Nueva York, y necesitaban empresas patrocinadoras. Así que Bill, muy impresionado por la calidad y singularidad de estas tallas, habló con

Casey Wondergem, nuestro director de relaciones públicas, y Casey se reunió con el doctor Noel Brown de Naciones Unidas en New York. Después de hablar con Naciones Unidas, Casey llamó a Stuart Silver, ex director de diseño del Museo Metropolitano de Arte, para pedirle que diseñara una exhibición para las instalaciones principales de Naciones Unidas, basado en el tipo de piezas que Bill había visto en Aspen. En Marzo de 1989 él y su equipo comenzaron el proceso de crear una exhibición de talla mundial. En el proceso, buscamos artistas circumpolares para que aportaran más obras y extendieran ampliamente la exhibición.

A la apertura de la galería de Arte de los Maestros del Ártico en el edificio de la Asamblea General de Naciones Unidas en el Día Mundial del Medio Ambiente, Junio 5 de 1989, la siguieron tales reconocimientos del público y de funcionarios de Naciones Unidas que decidimos darle como regalo a Naciones Unidas la estructura de la galería. Diseñada para ser portable, la exhibición comenzó un recorrido por el mundo, que hoy todavía continúa. El doctor Christopher Stephens fue convencido de dejar su empleo de curador en el Museo de Yellow Knife para ayudar a curar la exhibición itinerante. Aunque Maestros del Ártico sigue bajo el auspicio del Programa Ambiental de Naciones Unidas, la exhibición desde 1990 ha sido el mayor proyecto de la Fundación Ambiental Amway, la cual fue formada para promover y apoyar proyectos de educación ambiental para adultos y niños en todo el mundo. Recibimos solicitudes de todas partes para llevar la exhibición de Maestros del Ártico. Durante los siguientes años la muestra de Arte viajó a Washington D.C. y Dallas, y luego a Canadá, México, Japón, Brasil y Argentina. En su recorrido la exhibición y Amway han recibido muchos honores por desarrollar consciencia ambiental por medio del Arte indígena. Dos años después de obtener el Premio al Logro del Programa Ambiental de Naciones Unidas, recibimos el Premio al Logro de 1991 en la categoría de liderazgo empresarial de la Federación Nacional de Conservación de la Vida Salvaje. En 1992 recibimos la Medalla Transpolar de la Organización Educativa, Científica y Cultural de Naciones Unidas, el Certificado de Elogio de Tierra Unida y el Premio de la Alianza Rainforest. En Río de Janeiro la muestra de Maestros del Ártico fue el la pieza central cultural de la Cumbre de la Tierra en 1992.

Para mí fue irónico escuchar al Primer Ministro de Canadá decir cosas maravillosas acerca de Amway en Río y en Toronto en el Museo de la Civilización en Ottawa. Sólo unos años antes se habría pensado, por comentarios de unos políticos canadienses, que Amway había estado planeando un derrocamiento del gobierno canadiense. Ahora, al parecer, el Arte ha ayudado a sanar las heridas entre Amway y el gobierno canadiense. Al demostrar nuestra alta estima por los logros del pueblo Inuit del norte de Canadá, engendramos el respeto de los canadienses y del resto del mundo.

La filantropía corporativa puede hacer una verdadera diferencia al respaldar buenos artistas y educar a las personas en asuntos ambientales y sobre la importancia de una la ciencia ambiental sólida.

De nuevo, a veces la participación del gobierno es superflua e incluso contraproducente. Lo que hace que los fondos privados sean aún mejores es que vienen sin la burocracia y el sinsentido político que desvía en la dirección errada al Arte fundamentado en el gobierno y la ciencia.

Jay Van Andel como graduado de la escuela básica frente a su casa en Grand Rapids, Michigan en 1937.

Madre, Nella Van Andel, y abuelo John Vander Woude con Jay en 1943 durante su primera licencia después de unirse a los servicios.

Teniente Jay Van Andel después de su graduación de la Escuela de Cadetes de la Fuerza Aérea en la Universidad Yale 1945.

(Todas las fotos de esta página son cortesía de la familia Van Andel).

Los orgullosos propietarios, Van Andel y DeVos con uno de sus aviones de la escuela de aviación en 1946.

En la apertura el 20 de Mayo de 1947, el restaurante con servicio a los autos Riverside, fue el primero de su clase en Grand Rapids, y demostró ser un exitoso negocio complementario para los servicios aéreos de los jóvenes socios.

Las oficinas y sala de reuniones de la Corporación Ja-Ri.
(Cortesía de la familia Van Andel)

Los exitosos empresarios de la corporación Ja-Ri, el comienzo que evolucionaría para ser la Corporación Amway.
(Cortesía de la familia Van Andel)

Levando anclas: Van Andel y DeVos en el invierno de 1949 rumbo al Caribe, a bordo de la goleta de 38 pies, Elizabeth, la cual se hundió en la costa de Cuba.

(Cortesía de la familia Van Andel)

Rich DeVos y Jay Van Andel con el rescatado salvavidas del hundido Elizabeth, después de su regreso de América del Sur en Julio de 1949.

(Cortesía de la familia Van Andel)

La boda de Betty Hoekstra y Jay Van Andel el 16 de Agosto de 1952, en la casa de la familia de Betty en Wealthy Street en Grand Rapids, Michigan.
(Bultman Studio)

Jay y Rich con los primeros distribuidores de Nutrilite/Ja-Ri en California en Mayo de 1956.
(Cortesía de la familia Van Andel)

Acogedoras oficinas: la estación de servicio adaptada en Ada, Michigan, que llegó a ser el primer edificio externo de oficinas de Amway en Octubre de 1960.

(Cortesía de la familia Van Andel)

El gran desastre: la planta de aerosol y todo su contenido se quemaron completamente el 18 de Julio de 1969.

(Cortesía de la familia Van Andel)

Jay y Betty Van Andel antes de la celebración del décimo aniversario de la Corporación Amway en 1969. (Cortesía de la familia Van Andel)

El Presidente Gerald R. Ford y Jay Van Andel en la Casa Blanca en 1975 discutiendo sobre el desarrollo económico de Grand Rapids y el alcance internacional de Amway.

Navidad en Amway, 1980, Jay y Betty Van Andel con Rich y Helen DeVos.
(Cortesía de la Corporación Amway).

Jay Van Andel, el General Alexander Haig y Rich DeVos en una conferencia de prensa de 1981 por la apertura del Museo Presidencial Gerald R. Ford y el Amway Grand Plaza Hotel.
(Cortesía de la Corporación Amway).

Recepción Real en la casa del Vicepresidente George Bush en Abril de 1982. De izquierda a derecha: El Vicepresidente George Bush, el Príncipe Claus, Su Majestad la Reina Beatrix de Holanda, Betty Van Andel, el Presidente de la Comisión del Bicentenario de los Países Bajos y América, Jay Van Andel, y Barbara Bush.

(Capital Press & Photo Services B.V. los Países Bajos)

Jay y Betty Van Andel, el Príncipe Claus, el Congresista Guy VanderJagt y Su Majestad la Reina Beatrix de Holanda a bordo del Guardacostas Cutter, durante un viaje a Holland, Michigan con la Comitiva Real en Junio de 1982.

(Capital Press & Photo Services B.V. los Países Bajos)

Mstislav Rostropovich, Director de la Orquesta Sinfónica Nacional, con Jay y Betty Van Andel en el tour por Europa auspiciado por Amway en Febrero de 1982.
(Capital Press & Photo Services B.V. los Países Bajos)

Jay Van Andel, Presidente de la Comisión del Bicentenario de los Países Bajos y América en 1982 y su esposa Betty son saludados por el Presidente Ronald Reagan en la recepción en la Casa Blanca para al Reina Beatrix de los Países Bajos.
(Capital Press & Photo Services B.V. los Países Bajos)

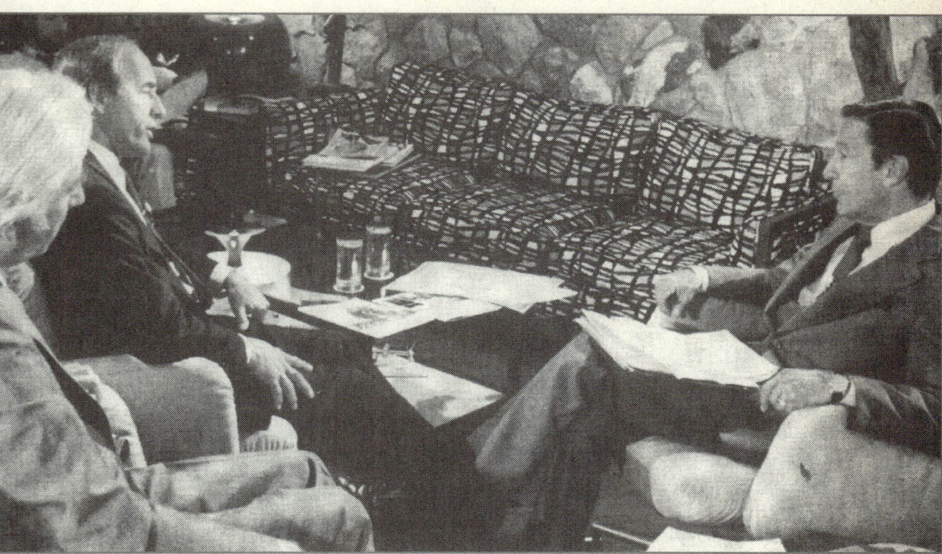

Imagen sin tacha: una profunda entrevista con Mike Wallace para el programa de CBS 60 Minutes, el cual se emitió el 9 de Enero de 1983.

(Cortesía de la Corporación Amway)

Cofundadores de Amway Rich DeVos y Jay Van Andel en 1986 en ocasión del aniversario número 25 de Amway.

(Fotografía de David LaClaire)

Jay Van Andel sosteniendo el martillo oficial en su juramento como Comisionado General para la Feria Mundial de Génova en 1989, con el Embajador Peter Secchia.

En la dedicación de la Plaza Van Andel en la Universidad Hope en Grand Rapids, Michigan en 1990. De izquierda a derecha: Rich y Barb Gaby, (hija), Jay Van Andel, Betty Van Andel, Carol y Dave Van Andel (hijo); y Nan Van Andel (hija).

(Todas las fotos de estas dos páginas son cortesía de la Corporación Amway).

El estadio Van Andel en el centro de Gran Rapids, dedicado en Septiembre de 1996 a nombre de Jay y Betty Van Andel.

Junta Directiva de la Corporación Amway. Sentados (de izquierda a derecha): Richard M. DeVos, Cofundador; Steve Van Andel, Presidente; Richard M. DeVos Jr., Director Ejecutivo; Jay Van Andel, Cofundador. De pie (de izquierda a derecha): Cheri DeVos-Vander Weide, Vicepresidente de Asuntos Corporativos; David Van Andel, Vicepresidente Senior de Operaciones; Doug DeVos, Vicepresidente Senior/Director General de Amway Norte América; Nan Van Andel, Vicepresidente de Catálogo y Comunicaciones; Dan DeVos, Vicepresidente de Asuntos Corporativos; Barb Van Andel-Gaby, Vicepresidente de Asuntos Corporativos.

Las oficinas principales a nivel mundial de la Corporación Amway en Ada, Michigan.

(Todas las fotos de estas dos páginas son cortesía de la Corporación Amway).

Presidente y Director Ejecutivo actuales de la Corporación Amway, segunda generación: Steve Van Andel y Dick DeVos.

El instituto Van Andel, abierto en Noviembre de 1999. Toda la financiación fue proporcionada por la Fundación Jay y Betty Van Andel. El costo total de la construcción se estimó en $200 millones de dólares.

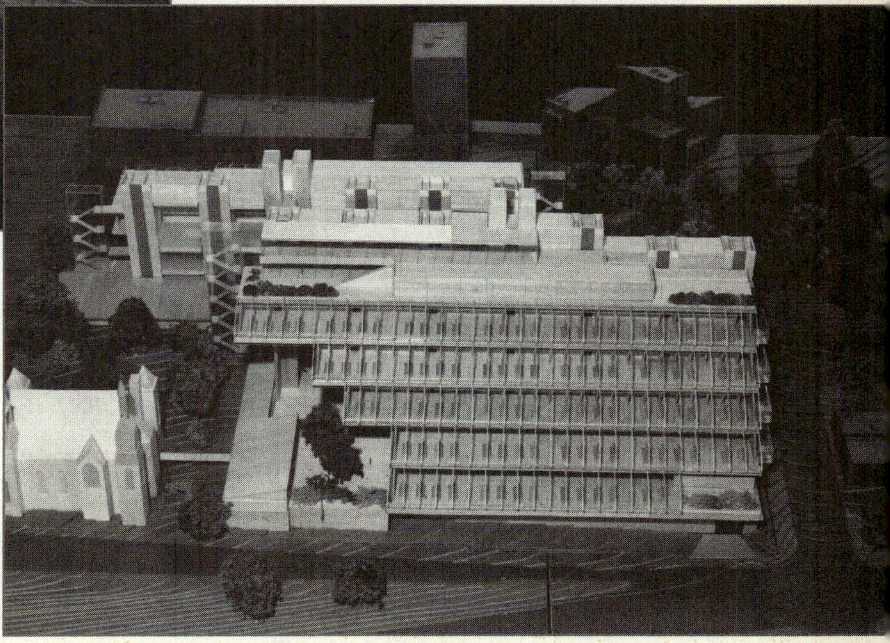

Eagles Nest, la residencia privada en Peter Island.
(Cortesía de la Corporación Amway).

Jay y Betty Van Andel en años recientes descansando en White Bay en Peter Island.
(Cortesía de la Corporación Amway).

## CAPÍTULO 18

# EL EQUIPO DE CASA

Si hay algo de lo que me arrepiento en cuanto a los años que invertí desarrollando Amway con Rich, es que no pude pasar tanto tiempo con mis hijos como el que deseaba. Así como la empresa ha dado para nuestra familia, también nos ha quitado. Generalmente salía a trabajar a las nueve de la mañana y no volvía sino hasta las seis en punto. Desde las seis hasta la cena Betty y yo pasábamos algo de tiempo juntos. Después de cenar, generalmente yo tenía que volver a trabajar. Así que durante muchos de los años de crecimiento de los niños yo estuve ausente, dejándole a Betty muchas de mis responsabilidades.

Es difícil lograr un buen equilibrio entre el trabajo y el tiempo con la familia. Al observar a otros empresarios luchar con este problema, he llegado a la conclusión de que es uno de los retos más comunes y mayores que enfrentan los empresarios. Ese también fue un reto para mí como para cualquier otra persona. Aunque la empresa necesitó la mayor parte de mi tiempo para su desarrollo, en mi vida llegó un momento en el que pude disfrutar de más tiempo libre. El tiempo es un recurso, como una máquina nueva o un empleado habilidoso. Para mí fue difícil saber cuándo dedicarle ese recurso a la empresa y cuándo comenzar a dedicárselo más a mi familia.

A veces la hora de la cena me proporcionaba el espacio de tiempo para compartir con mis hijos. Para todos en el hogar Van Andel era muy importante estar en casa para la hora de la cena, la cual comenzaba con un devocional familiar. Después de leer la Biblia, hablábamos de lo que significaba para nosotros y cómo aplicarla a nuestras vidas. Es asombroso cuántos temas diferentes trata la Biblia, y cómo nos puede hablar incluso en nuestra sociedad moderna.

Después de nuestra conversación sobre el pasaje de la Biblia, yo terminaba con una oración. Probablemente mi familia haya sido la mayor audiencia que me haya oído orar. La oración, para mí, es una conversación muy personal con Dios. Para el cristiano sincero, es parte integral de la vida humana. Puede ser algo tan simple como "querido Padre, por favor haz que este avión despegue con seguridad", o algo más extenso cuando luchamos con una crisis muy dura. Nunca he orado mucho en público, cuando se ora delante de otras personas se tiene la tentación de protagonizar, orar para los oyentes humanos en lugar de hacerlo para el Oyente Celestial. Pero cuando mis hijos me escuchaban orar, aprendían a comunicarse con Dios, y aprendieron que incluso su padre necesitaba la fuerza del Padre para cada día. Aunque las tradiciones de cada familia son diferentes, sé que el hábito de la oración diaria ahora es parte de las familias de cada uno de mis hijos.

Probablemente lo más importante en el desarrollo moral y ético de un niño es el ejemplo que les dan sus padres en la vida diaria. Cuando la vida de hogar de una persona no complace a Dios, es peor que inútil aparentar buen comportamiento para el mundo exterior.

Nuestras conversaciones alrededor de la cena fueron una gran parte de nuestra vida familiar, y los temas iban desde los negocios hasta la fe, la Política y la Economía. A menudo eran conversaciones simples, con frecuencia interrumpidas por una llamada telefónica o algún adolescente saliendo rápidamente a tener alguna reunión importante con sus amigos. Pero ese tiempo limitado fue usado para cambiar las vidas de mis hijos y ahora al observar a los cuatro, y a su manera de vivir, entiendo las bendiciones que Dios puede dar por el tiempo que se pase en familia a la hora de la cena.

A veces el comedor tomaba la forma de un salón de clases de maestría. Al reflexionar sobre las actividades del día, le presentaba a la familia un problema en la empresa y comenzábamos una discusión sobre las diferentes posibles soluciones. Luego les decía a todos lo que hice en esa situación y por qué lo hice. Esas discusiones facilitaron mucho la transición cuando mis hijos y los hijos de Rich comenzaron a tomar posiciones de liderazgo en Amway. Por lo que había sucedido en mi casa y en la de Rich, nuestros ocho hijos ganaron entendimiento sobre la empresa y cómo dirigirla de manera eficiente y correcta. No hace mucho mi hijo Dave me dijo que aprendió más acerca de negocios alrededor del comedor que de cualquier otra fuente, incluyendo las clases en la Escuela de Negocios y su participación en ellos.

## DE PASEO

Como la mayoría de familias, los viajes nos parecieron una gran forma de pasar tiempo juntos. Como puedes adivinar, hemos tenido unos maravillosos, desde la Gran Barrera de Coral en Australia hasta los viajes en bote por los ríos Amazonas y Colorado. Las lecciones de Historia de la escuela cobraron vida cuando vimos el campo de batalla de Waterloo, condujimos por la Vía Apia en Italia, y caminamos por la playa de las Filipinas donde el General Douglas McArthur desembarcó en 1944.

A veces, las experiencias menos glamorosas fueron más memorables. Solíamos acampar en un lugar que teníamos en el norte de Michigan que tenía una letrina. Eso sí, no era una letrina ordinaria. Esta tenía una unidad a gas que tomaba todo lo que se depositaba y lo incineraba. Por muchos años funcionó perfectamente. Pero un verano, como a mitad de nuestras vacaciones, la letrina comenzó a funcionar mal. Así que los niños me avisaron, siendo yo considerado el señor arréglalo-todo. Al día siguiente, decidí revisarla antes de salir a un compromiso dando un discurso para la Cámara de Comercio. Ahora, esto fue a comienzos de los años 1970, y resulta que yo estaba usando pantalón y camisa de poliéster blanco. Pensé que no me tomaría más de uno o dos minutos arreglarlo, así que entré a la letrina y comencé a revisarla. No podía saber qué andaba mal, así que me di por vencido, me di la vuelta y tiré la tapa.

Steve y Dave habían estado pescando y estaban poniendo el bote en el muelle cuando sucedió lo inimaginable. En una letrina de esta clase que estuviera funcionando normalmente, tirar la tapa encendería de inmediato el gas y quemaría los desechos. Pero se había fugado algo de gas y se había acumulado en la parte cerrada y cuando yo descargué la tapa, la letrina explotó. Steve y Dave dijeron que habían escuchado una fuerte explosión y que habían visto volar astillas, humo y todo lo demás hasta cincuenta pies de altura. Luego vieron que su padre, ahora con pantalón corto y camiseta de poliéster blancos, salía tambaleándose de los restos de la letrina. Mi cabello estaba retorcido, mis cejas chamuscadas, y mi espalda humeaba lentamente.

Betty salió corriendo del auto-caravana, y sin saber qué más hacer, me embadurnó con rociador antiséptico Am-Medic de Amway. A excepción de mis cejas chamuscadas y un zumbido en los oídos, yo estaba bien, pero al siguiente verano compramos una letrina con encendido eléctrico.

Pero la mayoría de nuestros veranos no fueron marcados por letrinas explosivas, y disfrutamos de tiempos maravillosos juntos en familia. El impacto sobre mis hijos fue obvio, mientras disfrutaban del aire libre, aprendieron a apreciar la belleza de la creación de Dios y a cooperar con otros miembros de la familia en varias actividades.

## LA GUARDERÍA DE LA SOCIEDAD

Muchos padres en su esfuerzo por cambiar nuestra sociedad para bien, olvidan que el hogar es la herramienta más poderosa para el cambio social. No son las escuelas superiores, no lo es la ciencia, no lo es la tecnología, no lo son las artes y ni siquiera es el gobierno. Padres y madres, si quieren mejorar la sociedad, ¡miren en su propia casa!

En una ocasión el gran predicador puritano Cotton Mather exhortó a su congregación para que se ocupara de sus propias familias si deseaba estar al servicio de las personas que la rodeaba. "Las familias son las guarderías de todas las sociedades", dijo Mather.

Ningún comité de acción político, ningún partido político, ningún presidente, tienen tanto poder para cambiar a la sociedad como la institución familiar. Una estructura familiar más fuerte significa una taza de crimen más baja, una "red de seguridad social" más efectiva para personas en crisis y una sociedad más virtuosa. Cuando dos padres (o más a menudo en el mundo de hoy, un padre soltero) crían a sus hijos para hacer lo que es correcto, aportan para el bienestar de todos los demás. Ningún gobierno grande puede verdaderamente apreciar el valor de cada niño, sus fortalezas y debilidades, sus talentos e inclinaciones naturales. Cada niño es único y cada uno necesita del amor especial y la sabiduría de un padre. Sé que ese fue el caso especial de nuestro hogar. Con cada hijo, llegaron retos nuevos y diferentes, y Betty y yo tuvimos que adaptarnos a cada uno.

## EL PIONERO

Nan, nuestra hija mayor, fue la primera de mis hijos en comenzar a trabajar en Amway. Ella comenzó en el poco glamoroso departamento de Auditoría Interna y luego pasó a Personal. Rich y yo posteriormente decidimos crear un programa de entrenamiento para nuestros hijos, y Nan y Dick DeVoss fueron los conejillos de Indias, en cierto sentido. Nuestra filosofía era dejarlos aprender lo básico desde adentro que dejarlos trabajar primero para otra empresa. No les permitimos empezar desde la cima; nuestros hijos trabajaron casi en cada departamento de Amway haciendo toda clase de labores. Nan estuvo en las líneas de jabón, cargando las plataformas de transporte, llenando las líneas con botellas, y aprendiendo a tratar con personas de todos los niveles de la empresa. Yo quería que ella entendiera cuán vital es cada persona y cada cargo en Amway. De esa manera, cuando entrara a la dirección de alto nivel, sería una líder más efectiva y mejor comunicadora. "Es divertido trabajar allá afuera" dice. "Lo agradable de todo eso es que vas a trabajar, haces tu trabajo, y dejas tu trabajo al final de día". Pero desde luego Nan salió de esa fase de su entrenamiento y pasó al departamento de Comunicaciones de Amway que se estaba expandiendo y llegó a ser la vicepresidenta en 1984. Ella ahora está a cargo de todo el material impreso de Amway, los audiovisuales y los discursos, incluido nuestro boletín mensual para los distribuidores de Amway en Norte América, como también del desarrollo del catálogo.

Nan siempre ha estado interesada en incluir a las mujeres en el ambiente empresarial americano, y ha hablado elocuentemente y con frecuencia acerca de temas de mujeres. Las acciones de Nan respaldan sus palabras, su participación cívica ha estado orientada hacia esas actividades que tratan con "ayudar a las mujeres a alcanzar la independencia económica", según dice. Nan está involucrada con Hope Community, una beneficencia local para mujeres sin hogar y familias en crisis, y Grand Rapids Opportunities for Women, un programa que entrena a mujeres con ingresos bajos y medios para que sean empresarias. "Si crees en algo, entonces es mejor que vivas tu vida de esa manera", dice Nan.

Ella también permanece ocupada con otros grupos locales y nacionales, incluyendo el Museo de Arte de Grand Rapids, el Foro de Mujeres Republicanas, la Cámara de Comercio de Michigan, y la Sociedad Mensa Americana. Siempre ha estado dispuesta a dar de su tiempo a cuantas organizaciones de beneficencia como le sea posible, y ha ayudado a recaudar millones de dólares para grupos como Easter Seals, el Centro YMCA para el Tratamiento del Abuso Sexual, United Way y Goodwill. "Pude haber nacido en un arroyo en Calcuta, o en un campo en Etiopía", dice. "Siento que la posición y las circunstancias bajo las cuales nací me comprometen para con los demás".

De su trabajo en Amway, ella dice: "Permaneceré la mayor cantidad de tiempo que Dios me permita estar aquí, mientras esté feliz". Me encanta lo que hago, y no me puedo imaginar haciendo algo diferente. Creo mucho en lo que hacemos y por qué lo hacemos".

## UNA MENTE INDEPENDIENTE

Mi hijo mayor, Steve, que ahora es Presidente de Amway, no siempre estuvo seguro de querer seguir las pisadas de su padre. Steve tuvo un breve periodo de búsqueda propia en el que miró todas las opciones que tenía a su disposición. Después de uno o dos años de examinar todas las posibilidades, Steve llegó al punto en el que estaba listo para trabajar para Amway. Entró al entrenamiento de dirección que Rich y yo habíamos establecido y se comprometió profundamente con el desarrollo y éxito de Amway.

Durante los años de adolescencia de Steve, tuvimos algunos tiempos difíciles en nuestra relación. Steve se estaba convirtiendo en un hombre joven, pero hubo momentos en los que necesitó límites. Al igual que la mayoría de adolescentes, Steve a veces ponía a prueba esos límites. A Steve le tomó tiempo asumir responsabilidad para encontrar su lugar en la vida. Para mí, era un ejercicio de obediencia a Proverbios 19:18: "Castiga a tu hijo en tanto que hay esperanza; Mas no se apresure tu alma para destruirlo".

El no "castigar" a un hijo puede resultar en terribles consecuencias para él. Creo que el castigo que menciona el proverbio tiene diferentes formas a medida que los hijos crecen. Cuando Steve tenía dieciséis años hubo un incidente que cambió drásticamente nuestra relación y la manera como yo me esforzaba por entrenarlo y dirigirlo. No le había permitido salir por dos semanas por que había infringido unas de las normas de la casa. Steve concluyó que era injusto y que no se iba a quedar encerrado en casa mientras sus amigos estaban afuera divirtiéndose. Así que una noche tomó su auto y salió. Yo no le dije nada, pero antes de irme a trabajar temprano a la mañana siguiente, tomé las llaves de su auto de la mesa de la cocina y las puse en mi bolsillo.

Steve se levantó un par de horas después y buscó sus llaves. Finalmente comprendió qué había sucedido. En un ataque de rebeldía llamó a un amigo para que fuera a recogerlo, sin decirle a nadie a dónde iba. Pasó la noche en la casa de su amigo y volvió al siguiente día.

Betty y yo estábamos muy preocupados. Betty no había visto cuando Steve se había ido, y no teníamos idea a dónde había ido. Cuando Steve regresó, le di sus llaves y le dije: "Mira, si vas a salir y quedarte por fuera no tengo problema mientras estés en control y tú estés conduciendo. No te volveré a prohibir salir nunca más. Sólo te pido que vengas y hables conmigo si quieres hacer algo o si tienes preguntas. Eres lo suficientemente grande, pero por lo menos quisiera que me des la oportunidad de dar mi opinión". En ese punto creo que mi relación con Steve cambió. Ya no lo iba a tratar como a un niño. Él estaba creciendo y convirtiéndose en adulto e iba a tener que hacerse responsable de sus propias acciones. No le iba a dictar sus entradas y salidas como se hace con niños pequeños. Ahora mi papel era de consejero y asesor.

Steve realmente apreció ese método y me lo dijo años después. No recomendaría esa estrategia para todos los hijos, pero funcionó con Steve. Reconoció que estaba siendo tratado como un adulto y se esperaba que actuara como uno. Para cuando Steve partió para la universidad, había madurado inmensamente, y su matrimonio con Cindy, una maravillosa joven, completó su periodo de transición. Steve ha seguido mis pasos al asumir una posición en la Junta de la Cámara de Comercio de los Estados Unidos. Steve y Cindy tienen el mismo aprecio por la comunidad de Gran Rapids que Betty y yo y han seguido la tradición Van Andel de apoyar proyectos comunitarios importantes.

## MI HIJO AL TIMÓN

Generalmente les permití a mis hijos una buena cantidad de libertad. Cuando veía que no estaban haciendo buen uso de esa libertad, intervenía y hablaba con ellos acerca de su comportamiento. Generalmente no me acercaba con la idea de presionarlos a pensar como yo, pero sí les aconsejaba y les animaba a reconsiderar su comportamiento si iba a generar problemas.

Creo que esa manera de hacer las cosas ha influenciado en la manera como mis hijos hoy hacen su trabajo como líderes en Amway. He observado a Dave usar el mismo método, dándoles a las personas una considerable rienda suelta y les dice: "Te estoy dando la libertad de hacer este trabajo de la manera que consideres adecuada, pero al final eres responsable por las acciones que tomes. Si veo algo incompatible con la manera como hacemos negocios aquí, o si hay algo sustancialmente mal, intervendré en ese punto". El control excesivo sobre el trabajo de un empleado seguramente generará el mismo resultado que tendría el vigilar constantemente a un adolescente para ver si está haciendo las cosas de la manera como debiera.

Desde luego, permitirles a los hijos tener algo de libertad no es lo mismo que no participar ni interesarse en sus vidas. Dave y yo compartimos muchos intereses en común que abrieron vías de comunicación entre nosotros. Uno de ellos fueron los autos. Dave aprendió a conducir a la edad de doce años. Habíamos estado conduciendo por todas partes en algunas vías secundarias en Water Island en mi Jeep, y miré a Dave y le dije: "Ahora es tiempo de empezar a aprender". Era un auto mecánico, pero Dave aprendió rápidamente, y pronto quería conducir todo el tiempo. A Dave le encantan los autos finos al igual que a mí. Todavía recuerdo el primer auto exótico que compré, era un Maserati Gibley usado, rojo con interior negro. Desafortunadamente el propietario anterior había abusado un poco, pero sin embargo era un Maserati. Dave pensaba que era estupendo y de vez en cuando lo llevaba a dar un paseo. A medida que Dave creció y yo extendí mi colección de autos, a veces le permitía tomar el volante de un Lamborghini o un Maserati o incluso un Ferrari, sólo por un rato.

Desde entonces he vendido gran parte de mi colección y Dave ha crecido y ha pasado a estar "al volante" de varios intereses comunitarios además de su liderazgo en Amway. Probablemente lo más destacado es que Dave está supervisando las operaciones y construcción de un edificio para el Instituto Van Andel, del cual es presidente. Como copropietario de los Griffins de Gran Rapids, influyó para traer hockey profesional al Oeste de Michigan. La esposa de Dave, Carol, es igualmente activa en la comunidad, está en la Junta de la Ópera de Grand Rapids, es la Presidenta de la Fundación de la Escuela Cristiana de Ada y sirve activamente con Escuelas Cristianas Internacionales y Pine Rest.

## MI AMADA HIJA

Con Barb, especialmente como la hija menor, para mí ha sido difícil salirme del papel de padre. Todavía recuerdo sosteniendo su manita con la mía al cruzar la calle, y probablemente todavía quiero seguir mi paternidad con ella. El día más difícil de mi vida fue el día en el que Barb soltó mi mano cuando íbamos a cruzar la calle. "Papi, ya soy suficientemente grande, puedo hacerlo sola", dijo. Con esas palabras supe que una preciosa parte de mi vida se había ido para siempre.

Siendo adolescente, Barb no fue perfecta, pero nunca entró en un periodo de rebelión plena como hacen otros hijos. Bendecida con una consciencia fuerte, Barb tenía la tendencia a entregarse si hacía algo malo o confesaba "con temor y temblor" si era sorprendida en un mal comportamiento. En una ocasión, cuando tenía dieciséis años, nos dijo que iba a ver a una amiga pero en lugar de eso fue a Ann Arbor. Mientras estaba ausente, cayó la peor tormenta de nieve en la historia de Michigan. Esa fue la gran nevada de 1976 que todavía la gente menciona con exaltación. Preocupada, Betty llamó a la casa de la amiga de Barb para asegurarse que ella estaba bien. Tan inocente como era, Barb no le había dicho a su amiga para que la cubriera.

Varias horas después, Barb llegó luego de haber conducido en medio de la tormenta de nieve desde Ann Arbor. Se había estancado una o dos veces en la nieve, y estaba terriblemente asustada, no sólo por la reprimenda que esperaba recibir cuando llegara a casa sino porque había enfrentado unos verdaderos peligros por su mentira. Barb dócilmente confesó y pidió perdón. Pude ver que su consciencia ya la había convencido y estaba arrepentida, así que Betty y yo no teníamos mucho que decir.

Hace sólo unos años, Barb nos volvió a mencionar ese incidente y nos dijo cuánto había apreciado la forma como manejamos la situación. Muchas veces, cuando nuestros hijos eran pequeños, Betty y yo cuestionamos la sabiduría de las mil y una decisiones de paternidad que tuvimos que tomar todos los días. Muchas veces, ya que nuestros hijos han dejado el nido, nos hemos preguntado acerca de toda nuestra estrategia de paternidad. ¿Hicimos todo lo que pudimos haber hecho? ¿Pudimos haber sido más indulgentes? ¿Debimos haber sido más estrictos? Entonces, sólo cuando esas dudas son más fuertes, uno de nuestros hijos vuelve y nos da una muestra de su aprecio por nosotros.

Barb ha tomado de corazón el mandato bíblico de "honrar a padre y madre", y a medida que mi salud y la de Betty se han deteriorado, ella ha mostrado gran interés y preocupación por nosotros. Nunca ha perdido su respeto filial por sus padres y ha hecho esfuerzos por encontrar nuevas formas para demostrarlo. Hace poco, Barb, escribió tributos para mí y para Betty, diciéndonos directamente cuánto nos ama y admira. Ese tributo es algo que nunca olvidaré.

Lo que fue incluso más valioso fue el tributo que Barb le hizo a su madre. El Alzheimer de Betty había aumentado tanto para cuando

Barb hizo su tributo que yo dudaba que fuera a entender algo de lo que se le estaba leyendo. En ese punto Betty ya no me reconocía ni a mí ni a sus hijos, y era muy triste pensar que este homenaje no fuera a ser recibido ni reconocido. Así que ese día al reunirnos en la sala de nuestra casa, la querida Barb le dijo a su madre en hermosas y conmovedoras palabras que había sido una bendición para todos sus hijos y un modelo de una fiel madre cristiana.

Luego sucedió algo extraño y maravilloso. Betty miró directamente a Barb y dijo "Mi amada hija". Sólo por un momento, Dios le había dado a Betty la comprensión del regalo que Barb le había dado y las palabras para mostrarle gratitud. Barb estaba sobrecogida de la emoción y yo no tenía palabras que decir. Barb se había recriminado a sí misma por no haberle hecho este tributo a su madre antes que su enfermedad se hubiera hecho tan severa, así que este fue un momento muy precioso y significativo para Barb.

Como con mis otros tres hijos, Barb ha encontrado varias maneras de servir a su comunidad y a su nación, incluyendo la Junta Nacional del Centro de Investigación de Capital en Washington. Hace poco se unió a mí en la Junta de la Fundación Heritage, donde estoy orgulloso de verla trabajar para promover los ideales que hicieron grande a este país. Barb conoció a su esposo, Rick Gaby, en la Universidad de Indiana donde ella obtuvo su Maestría en Negocios.

## UNA NUEVA GENERACIÓN DE LÍDERES

No es fácil ser el hijo o la hija del cofundador de una gran empresa. Mis hijos han tenido que lidiar con presión y conflictos que yo nunca enfrenté. Al crecer trabajando en Amway, ellos fueron analizados más de cerca que cualquier otro empleado. En posiciones directivas dentro de Amway, mis hijos, así como los de Rich, han tenido que trabajar el doble que cualquier otra persona, y a menudo no reciben el crédito que merecen. Si hacen un buen trabajo directivo y la empresa crece, la gente dirá, "bueno, ellos recibieron la empresa en bandeja de plata". Si no le va bien a la empresa estando bajo su dirección, la gente dirá, "mira, ellos destruyeron la excelente empresa que sus padres construyeron". Los hijos también tuvieron que tratar con el incesante cuestionamiento y las dudas: "¿Están aquí por quién es su padre, o porque están capacitados para el trabajo?" Desde luego, es muy probable que no estuvieran en Amway si no fuera por mi presencia ahí. Pero eso no quita nada de sus habilidades gerenciales. Cada uno de mis hijos y los de Rich están muy bien capacitados para el trabajo que hacen con Amway, y se ha demostrado con el crecimiento continuo de la empresa bajo su liderazgo sobre las políticas de la junta. Ahora con Steve como Presidente y Dick DeVos como Director Ejecutivo, Amway está en manos muy capaces.

Cuando mis hijos y los de Rich tomaron posiciones directivas en Amway, Rich y yo tuvimos que tratar con la presión de equilibrar la equidad entre hermanos respecto a asuntos de empresas. Los ocho hijos habían estado esforzándose por escalar en Amway por varios años cuando Rich me advirtió sobre la necesidad de dar algunos pasos hacia entregarles la empresa. El entrenamiento en administración no era suficiente. Durante la existencia de Amway, Rich y yo habíamos tomado las decisiones más importantes, mientras que nuestros hijos habían estado al margen. Ahora era hora de permitirles hacer parte de la acción. Nuestros hijos necesitaban mayor información sobre las finanzas de la empresa y debían aprender a trabajar juntos en la formulación de políticas.

Nuestro primer paso fue crear lo que llamamos el Consejo de políticas. Los ocho hijos se reunirían cada mes con dos personas externas que los entrenarían en toma de decisiones en grupo. Cada uno de los hijos tendría su turno para presidir el Consejo de políticas para darles a todos su experiencia en liderazgo. La agenda de cada reunión no era tan importante como el proceso de llegar a un consenso. La meta no era entregarles de inmediato a nuestros hijos la toma de decisiones importantes sobre políticas, sino llevarlos al punto en el que pudieran de manera rápida y efectiva solucionar los problemas que se les presentaran.

Posteriormente Rich y yo comenzamos a estar en esas reuniones mensuales e iniciamos a darles a nuestros hijos información financiera detallada, y recibían información respecto a cómo se dirigía la empresa. Las reuniones pasaron de ser lo que en esencia eran grupos de discusión práctica a sesiones de creación de políticas importantes.

La importancia de realizar un suave relevo de liderazgo a la segunda generación se hizo más clara para todos cuando en Julio de 1992 Rich sufrió un leve infarto. Después de sólo cuatro días Rich volvió a casa y se recuperó completamente, pero su enfermedad reveló la necesidad de darles a nuestros hijos mayor control sobre Amway. Mientras Rich se recuperaba, disolvimos el Consejo de políticas y añadimos a nuestros hijos a una nueva Junta de políticas la cual nos incluía a Rich y a mí. Esto quería decir que ellos tendrían mayor participación en las actividades diarias de la empresa y cada vez serían más responsables por su éxito o fracaso.

Rich y yo sabíamos que algún día nuestra sociedad llegaría a un final, pero ninguno de los dos quería admitir que ese momento había llegado. Tan sólida como había sido nuestra sociedad a finales de los años 1940 cuando dirigíamos el Servicio Aéreo Wolverine, o tratando de navegar por el Caribe, esa sociedad se había sellado con cemento a lo largo de décadas de dificultades y triunfos, aflicción y prosperidad. Pero ahora era el momento para que nuestra sociedad le diera paso a una nueva generación.

Comenzamos a tender el trasfondo para la renuncia de Rich. Por recomendación de Rich y por decisión conjunta de los dos, nombramos al hijo mayor de Rich, Dick, como el sucesor de Rich en la dirección ejecutiva.

Temprano en la mañana de Diciembre 6 de 1992, Rich tuvo un serio infarto en su casa de Ada. Seis días después se sometió a una triple cirugía de bypass y se recuperó lo suficiente como para estar en casa para Navidad. Tuve unas largas conversaciones con Rich mientras estuvo en la Clínica Cleveland recuperándose de su cirugía. Durante los primeros días Rich estuvo muy calmado, no como era normalmente con su personalidad activa. Estar cara a cara con la muerte de una persona es un golpe para cualquiera. Tranquila y sobriamente hablamos acerca de nuestra fe en Dios, la familia y los amigos, acerca de los viejos tiempos y del futuro.

El día que Rich volvió a casa de la clínica hizo su renuncia oficial. Los preparativos que habíamos hecho para la promoción de Rich resultaron bien programados. Para cuando Rich se enfermó, Dick se había familiarizado bien con el papel que iba a asumir. Mucho antes Rich y yo habíamos dado curso a la transición y ya era sólo cuestión de hacer pública la decisión.

Yo sabía que para mí también era hora de considerar salir de la presidencia. En las reuniones de la Junta de políticas había visto que todos mis hijos eran completamente capaces para el liderazgo corporativo. Pero Rich y yo sólo podíamos elegir a uno para la presidencia y ahora era mi turno hacer la recomendación.

No me agradó para nada elegir de entre mis hijos a uno para la presidencia, pero había que hacerlo. Por años, mientras nuestros hijos crecían, traté de ser escrupulosamente justo con ellos. Ahora, aunque quería evitar el favoritismo a toda costa, no podía ser justo. Sólo uno de mis hijos podía ser mi sucesor en la presidencia; los otros seguirían siendo Vicepresidentes. Era una tarea tan onerosa que incluso traté de hacer que mi amigo Bill Nicholson tomara la decisión por mí. Pero él se rehusó, diciendo que debía ser mi decisión y la de nadie más. Por meses agonicé respecto a la elección, orando al respecto y considerando el asunto desde todos los ángulos posibles.

Finalmente elegí a mi hijo Steve, y no nos ha decepcionado para nada. Steve no es mi copia exacta, nunca ha visto la necesidad de amoldar su método de gestión conforme al mío. Él tiene su propio estilo y sus propios métodos, y parecen funcionar muy bien en combinación con el Director Ejecutivo de Amway, Dick DeVos. En el liderazgo cotidiano sobre el equipo directivo, Steve es muy trabajador y un excelente gestor de coaliciones. Con el apoyo de la gente que confía en él y lo aprecia, Steve puede hacer que en Amway sucedan cosas emocionantes.

# CAPÍTULO 19

# PRIMER AMOR

¿Puedo contarte un secreto? Aunque creo en los beneficios que los productos Nutrilite representan para la salud, y los consumo todos los días, esa no es la razón por la cual soy tan aficionado a ellos. La verdadera razón por la cual me gusta Nutrilite es porque me llevó a conocer a Betty.

Mi tía era una compradora de Nutrilite que era el ama de llaves de la familia Hoekstra de Grand Rapids. Ella sugirió que los Hoekstra podrían estar interesados en comprar productos Nutrilite, así que una mañana de primavera en 1951 llamé a la señora Hoekstra. Fui atendido en la puerta por su hermosa hija de cabello rubio y ojos azules, Betty. De repente hacer una venta de Nutrilite pasó a ser una razón secundaria para mi visita. Probablemente eché a perder mi presentación de ventas, pero de todas formas la señora Hoekstra decidió comprar una caja de productos Nutrilite.

Mi siguiente misión, mucho más importante que otra venta de Nutrilite, era lograr una cita con la señorita Betty Jean Hoekstra. Afortunadamente accedió.

Betty y yo salimos sólo por unos meses antes que fuera claro para mí que había encontrado a la mujer con quien quería compartir el resto de mi vida. Ella tenía la misma dulzura de disposición y amabilidad de corazón que caracterizaba a mi madre, y tenía una fe profunda y sincera que me inspiró a buscar una relación con Dios más íntima. Estaba convencido de que nadie podría ser una mejor pareja para toda la vida que Betty. Con gracia ella aceptó mi propuesta de matrimonio, y a las dos de la tarde de Agosto 16 de 1952 nos casamos en la casa de los Hoekstra en Grand Rapids. Tomé muy en serio el versículo de proverbios: "El que haya esposa haya el bien, y alcanza la benevolencia de Jehová". Betty y yo teníamos personalidades perfectamente compatibles. Como creo en la Soberanía de Dios sobre nuestras vidas, sé que Él nos preparó al uno para el otro y nos unió. Él sabía que sólo estando juntos realmente seríamos felices y completos. Sólo como equipo se lograría Su Voluntad en nuestras vidas.

Gran parte del crédito por mi éxito en los negocios se debe a Betty. Cuando nuestra sala se convirtió en el sitio de reunión para Nutrilite y luego para las reuniones de Amway, surgió el don de hospitalidad de Betty. Ella tenía una habilidad extraordinaria para hacer que los demás se sintieran cómodos en situaciones sociales, y fácilmente asumía el papel de coordinadora social de casa y anfitriona.

Ciertas etapas del crecimiento de la empresa me alejaron de Betty y los niños mucho más de lo que me hubiera gustado. A veces miro hacia atrás y pienso en cuáles eran mis prioridades entonces, y cuáles son las de hoy. No creo que cualquier persona mayor pueda honestamente mirar atrás y decir, "sabes, realmente pasé mucho tiempo con mi familia. Debí haber estado en la oficina más seguido o haber viajado con mayor frecuencia". Para quienes aún son jóvenes y están leyendo este libro, les ofrezco un humilde consejo con todo el sentimiento que este corazón holandés puede reunir: pasen tiempo con su familia mientras son jóvenes. Nunca habrá suficiente tiempo cuando sean ancianos.

Al aceptar las responsabilidades que Betty asumió dentro y fuera de casa, ella alivianó mi carga y me permitió hacer el trabajo que he hecho con Amway. Ella hizo muchos sacrificios y trabajó tan duro como yo por menos reconocimiento público del que yo he recibido. Ante los ojos de Dios su labor como esposa, madre, anfitriona, y líder en la comunidad, no es menos importante que el mío. Porque creo que no trabajamos para obtener recompensa de hombres sino la alabanza del cielo. Esta hermosa porción de la Biblia describe bien a la mujer con quien me casé:

*Mujer virtuosa, ¿quién la hallará?*
*Porque su estima sobrepasa largamente a la de las piedras preciosas.*
*El corazón de su marido está en ella confiado,*
*Y no carecerá de ganancias.*
*Le da ella bien y no mal*
*Todos los días de su vida.*
*...Es como nave de mercader;*
*Trae su pan de lejos.*
*Se levanta aún de noche*
*Y da comida a su familia*
*Y ración a sus criadas.*
*Considera la heredad, y la compra,*
*Y planta viña del fruto de sus manos.*
*...Alarga su mano al pobre,*
*Y extiende sus manos al menesteroso.*
*...Fuerza y honor son su vestidura;*
*Y se ríe de lo por venir.*
*Abre su boca con sabiduría,*
*Y la ley de clemencia está en su lengua.*
*Considera los caminos de su casa,*
*Y no come el pan de balde.*
*Se levantan sus hijos y la llaman bienaventurada;*
*Y su marido también la alaba:*
*Muchas mujeres hicieron el bien;*
*Mas tú sobrepasas a todas.*
*Engañosa es la gracia, y vana la hermosura;*
*La mujer que teme a Jehová, ésa será alabada.*
*Dadle del fruto de sus manos,*
*Y alábenla en las puertas sus hechos.*
*—de Proverbios 31*

Aunque con frecuencia estuve ausente por trabajo relacionado con Amway, Betty siempre estuvo con nuestros hijos. Ella fue la fuerza estabilizadora en casa cuando yo no pude serlo. Cuando los niños llegaban a casa gritaban "¡Mamá!" no necesariamente porque querían verla sino por el consuelo de saber que estaba ahí. Betty siempre respondía "¡Sí, aquí estoy!".

A medida que nuestros hijos crecieron, Betty comenzó a orientar sus energías fuera de casa y se involucró localmente con la Ópera de Grand Rapids y tuvo éxito involucrándome a mí también. La ópera ahora está en su aniversario número treinta y seis, gracias en parte al trabajo de mi esposa en su favor. Betty, quien tenía un gran corazón por los niños, también estuvo detrás del Centro Van Andel para Niños y Adolescentes en el Hospital Cristiano Pine Rest de Grand Rapids. A nivel nacional, Betty participó con Phylis Schlafly's Eagle Forum, una organización política conservadora.

Betty nunca tuvo miedo de expresar sus ideas. Había enseñado muchos temas y sabía en qué creía. Cada persona que la conocía quedaba muy impresionada por su profunda fe en Dios, la gente comentaba que no podían hablar por cinco minutos con Betty sin que el tema pasara a religión. Esa fe, la cual permeó y formó cada parte de su vida, fue la raíz de su vida. Barb recientemente dijo que recuerda que se levantaba en las mañanas y miraba por las escaleras y veía a su madre sentada en su sillón favorito, con su Biblia en sus piernas y sus manos juntas en oración.

## EN ENFERMEDAD Y EN SALUD

En 1988, comencé a notar que Betty estaba teniendo dificultades para recordar cosas. Primero era sólo un lapso ocasional de pérdida de memoria, una cartera que había dejado en otra parte, llaves perdidas, un número telefónico olvidado. Luego los lapsos de pérdida de memoria se hicieron más frecuentes, y Betty comenzó al olvidar cosas que una persona saludable no olvida. Se confundía fácilmente y se le hacía difícil hacer cosas sencillas. Para mí fue difícil aceptar el hecho de que tenía una enfermedad seria.

Luego nuestros hijos comenzaron a confrontarme en cuanto al problema. Cada uno de ellos estaba muy preocupado, desde luego, pero Barb tomó la iniciativa de persuadirme en cuanto a darle una mejor atención médica a Betty. Ella tuvo que sacarme de mi muy arraigado recelo sobre la comunidad médica y me hizo recordar que el bienestar de Betty era más importante que mi privacidad. Barb y Dave me ayudaron a buscar un médico en Carolina del Sur que había estado haciendo trabajos innovadores en casos como el de Betty, y él comenzó a trabajar con ella de manera frecuente.

Durante los siguientes dos años vi cómo Betty desmejoró rápidamente. Pasó de tener a una persona que la ayudaba durante el día a tener cuidado las veinticuatro horas. Yo trabajaba con ella para tratar de conservar su memoria, llevándola a sus lugares favoritos, mostrándole fotos, haciendo sonar sus piezas musicales favoritas. A veces parecía mejorar, pero esos momentos nunca duraron más que unos pocos días. Dios puede traer incluso los males más dolorosos a nuestras vidas y usarlos para sus buenos propósitos. Como la Betty que conocí me fue quitada por medio de la decadencia mental, y mi propia salud se ha deteriorado, Él ha traído a mis hijos de vuelta a mi vida de una manera maravillosa. Mis relaciones con ellos se han fortalecido a medida que ellos y yo hemos madurado. La enfermedad de Betty me ha forzado a buscar apoyo en ellos, y ellos, creo, se han acercado más a mí porque juntos conocemos las necesidades de su madre. Ahora más que nunca atesoro a mis hijos, porque ellos son el legado viviente de Betty, el fruto de sus mejores años.

Para mí fue muy difícil ver cómo esta cortina cubría la mente de Betty. Decidí mantener nuestras pequeñas rutinas y conservar lo que más pude de su mundo. White Bay en Peter Island, es uno de mis lugares favoritos. Una abundante vegetación tropical baja por las montañas que la rodean hasta la angosta y blanca playa. Llevo a Betty a la playa y la meto al agua donde puede estar de pie y caminar con mi ayuda. El agua allá es muy calmada porque los arrecifes en la boca de la bahía dan protección de las fuerzas de la marea del océano. A veces pasamos una o más horas ahí, sólo caminando de un lado para otro hasta que ella se cansa y está lista para volver a su silla de playa. Es un buen ejercicio físico para ambos, y tener experiencias variadas es bueno para la mente de Betty. La recompensa más gratificante para mí viene cuando Betty me bendice con una de sus sonrisas, las cuáles, aún con su enfermedad, no se han desvanecido. Estoy con Betty la mayor cantidad de tiempo posible, siguiendo en su compañía. No lo hago de mala gana, es un gozo para mí el tener la oportunidad de darle algo de vuelta por todos los compromisos que ella hizo por mí durante esos años desarrollando Amway. Si los votos matrimoniales se conservaran sólo mientras los actos de servicios pudieran ser recíprocos, el matrimonio no significaría mucho. Mi crianza y mi fe me animan a pensar del matrimonio como un lazo santo entre un hombre y una mujer, el cual sólo lo rompe la extrema violación a la confianza.

Debido a mis propios problemas físicos, ha sido el doble de difícil tratar con la enfermedad de Betty. Hace poco mi amigo Dan Vos, nuestro contratista constructor, vino a visitarme, sólo para hablar de los viejos tiempos y ponernos al día el uno con el otro, había pasado bastante tiempo sin ver a Dan. Él ahora usa dos audífonos, y entre su escucha y mi dificultad para hablar es admirable que nos hubiéramos podido comunicar. Pero acercamos nuestras sillas y hablamos seriamente por un rato acerca de la vejez, acerca de nuestra propia salud, la condición de Betty y los problemas cardiacos de Rich.

Tan débil como está Betty, y tanto como ha cambiado, Dios me ha dado un amor más profundo hacia ella. Dan simpatizó conmigo recordando su relación con su primera esposa, Ruth, quien falleció trágicamente por un tumor en el cerebro en 1967. "¿Es un amor que no podemos explicar, cierto?" dijo. "Es algo que crece a pesar de la enfermedad, la debilidad o la edad". Dan tenía razón. Betty para mí ahora es más preciosa que nunca. En una sociedad abrumada por torcidos puntos de vista sobre el matrimonio y el amor, la fidelidad tradicional puede parecer desactualizada o inútil. Pero el eterno y sacrificial amor que Betty y yo hemos compartido nos ha hecho más felices a los dos y ha reflejado el constante amor de Dios en nuestras vidas. Por muchos años, a medida que Rich y yo construíamos Amway, Betty, de buena gana, sacrificó mucho por mi bien. Ahora, en su debilidad, tengo la oportunidad de amarla y servirle a cambio. La fidelidad vale la pena.

Dan y yo hablamos de esas cosas y oramos juntos por un rato. Él fue de gran ánimo para mí y tuvo muchas palabras de consejos sabios como alguien que salió de una dificultad con una fe más fuerte y más profunda. Le pregunté a Dan cómo enfrentó la muerte de su esposa. "Jesucristo ya estuvo ahí mucho antes que nosotros" dijo. "La fuerza me había sido dada mucho antes de incluso haberla necesitado. Y cuando llegue ese momento, podrás también tomarla".

Alrededor de la misma época que Betty comenzó a tener sus primeras etapas de la enfermedad de Alzheimer, comencé a notar una leve pérdida de destreza manual. Por un año más o menos, no tuvo un efecto notorio en mi vida. Betty hizo uno o dos comentarios al respecto, pero ninguno de los dos le prestó mucha atención. Era el verano de 1988 cuando noté que definitivamente algo andaba mal, y unos posteriores exámenes comprobaron las primeras etapas de la enfermedad de Parkinson.

Pasamos por la vida sin ni siquiera pensar en nuestras habilidades físicas, nuestros cerebros le ordenan a nuestros cuerpos que realicen tareas y nuestros cuerpos las ejecutan obedientemente. Cuando las líneas de comunicación dejan de trabajar adecuadamente, puede resultar en una seria discapacidad. Lo que comenzó con una destreza manual reducida pronto pasó a dificultades de habla, así que reduje ampliamente mis compromisos de conferencias.

Por mi condición he sido muy renuente a aceptar ayuda médica. En varias ocasiones personas cercanas a mí me han sugerido diferentes clases de tratamientos, pero generalmente los he rechazado. Parte de mi indecisión, se debía a la invasión a mi privacidad, la cual estaba seguro que vendría con el tratamiento, y parte también se debía simplemente a una desconfianza en el cuidado médico.

Pero Bill Nicholson se me acercó varias veces diciéndome que debería ver a este o aquel especialista. Mis hijos también han expresado su preocupación y me han propuesto sus planes. Finalmente Bill me dijo: "Jay ésta es la última vez que trato este tema contigo, pero me sentiría mal por no intentarlo una vez más. Muchas personas me han dicho que creen que tienes Parkinson y hay cosas que pueden hacer para ayudarte. Esto es lo que debes hacer si estás dispuesto a hacer algo al respecto".

Bill no tenía idea de lo que yo iba a estar dispuesto a hacer respecto al Parkinson y otras enfermedades.

CAPÍTULO 20

# UN LEGADO DURADERO

Por años Betty y yo hemos contribuido al trabajo de beneficencias, hospitales, escuelas y otras instituciones que valen la pena por medio de la Fundación Jay y Betty Van Andel. Ahora es más una fundación familiar porque nuestros hijos han sido incluidos dentro del proceso de decisión y ahora están ayudando a analizar contribuciones de la fundación. De esta manera el legado de filantropía se le está enseñando a la siguiente generación.

Lo sobresaliente de la fundación ahora es el Instituto Van Andel, una organización de investigación mundial dedicada a la preservación, mejora y expansión de las fronteras de la ciencia médica para el beneficio de la humanidad. Va a representar una de las más grandes actividades filantrópicas en la historia de la investigación médica, buscando lograr una calidad científica comparable con la del Instituto Howard Huges y será una fuente de avances médicos en el siglo veintiuno. La junta de asesores científicos del Instituto Van Andel reúne más de cien años de experiencia médica entre sus cinco miembros.

Algunas personas pueden preguntarse por qué, ya que tengo tanto desdén por la Medicina, el Instituto Van Andel para la investigación médica hace una parte tan importante de mi planificación patrimonial. En mi mente no es una inconsistencia porque aunque no tengo un gran aprecio en particular por los métodos tradicionales del tratamiento médico, la investigación médica me parece fascinante. El cuerpo humano es una maravillosa creación de Dios, y aprender todo lo que podamos acerca del mismo es obviamente importante. Desde mis primeros días con Nutrilite, he estado muy interesado en cómo la nutrición afecta la salud. La insuperable junta de conocimiento científico en el Instituto Van Andel debería dar verdaderos progresos en la ciencia médica, con implicaciones importantes para enfermedades cardiacas, cáncer y enfermedades del sistema nervioso y cognitivo como Alzheimer y Parkinson.

En la actualidad, no hay una cura definitiva ni tratamiento para la enfermedad de Alzheimer. Los científicos todavía no conocen su causa, aunque los investigadores están buscando posibles causas por daño neuronal, como virus, deficiencias químicas, toxinas ambientales, deficiencias del sistema inmune y anormalidades genéticas. La enfermedad, que es la cuarta causa de muerte de adultos en los Estados Unidos, afecta a cinco millones de americanos y trae pena, dolor y pérdidas a amigos y familiares. Aproximadamente 10% de los americanos de más de sesenta y cinco años probablemente tenga Alzheimer, y para los que son mayores de ochenta y cinco el porcentaje se eleva aún más. Se desarrolla gradualmente haciendo que quien la padece pierda capacidad intelectual y se confunda y desoriente. Primero, los únicos síntomas pueden ser una mayor dificultad para encontrar palabras o terminar ideas. Amigos y familiares pueden comenzar a notar la pérdida de memoria, alteraciones de juicio y cambios de personalidad. Algo de olvido hace parte del proceso de envejecimiento, pero la atrofia del cerebro asociada con la enfermedad de Alzheimer puede con el tiempo hacer que sus víctimas se pierdan en entornos conocidos, olviden nombres de familiares cercanos, pierdan la habilidad para leer o escribir y olviden cómo decir la hora o usar una llave. Muchos han perdido la capacidad de cuidarse por sí mismos y a menudo requieren cuidado y supervisión las veinticuatro horas.

La enfermedad de Parkinson, a diferencia de la enfermedad de Alzheimer, es un desorden del sistema motor. Mientras las enfermedades cognitivas como el Alzheimer reducen la habilidad de pensamiento o memoria de quien la padece, los problemas del sistema motor afectan el movimiento o el habla. La enfermedad de Parkinson puede generar rigidez, temblor, movimientos lentos y mala coordinación y falta de equilibrio. Diagnosticar el Parkinson es difícil, pero se estima que hay más de medio millón de americanos afectados con esta enfermedad. Se ha confirmado que el Papa Juan Pablo II, Billy Graham, la Fiscal General Janet Reno y Johnny Cash tienen esa enfermedad. Los científicos han encontrado que el Parkinson lo genera una pérdida de ciertas células en una parte del cerebro asociada con actividad muscular, pero la causa de la muerte de estas células es desconocida. Una teoría relativamente nueva propone que algunos pacientes con Parkinson pueden tener predisposición genética para la enfermedad. El tratamiento generalmente incluye medicamento y pueden incluir cirugía en algunos casos especiales.

Al pensar en el potencial para el avance de la Medicina entendí que nuestra familia tenía una oportunidad única para dejar un legado para toda la humanidad que pocos visualizan y aún menos pueden proporcionar. Le confié la realización de la parte más importante de mi legado a mi hijo menor, Dave, y al doctor Luis Tomatis.

Dave, que sirve como Presidente del Instituto Van Andel, dirige sus operaciones y supervisa la construcción del impresionante nuevo edificio. Aunque todos mis hijos han tenido algo de participación, Dave ha sido encargado especialmente de ver que mis intenciones con este instituto se realicen. Al tener a miembros de la familia Van Andel muy involucrados, el instituto se mantiene lo más cerca posible a mis intenciones al fundarlo.

Mi amigo, el doctor Luis Tomatis, un Ex cirujano de tórax y cardiovascular, tendió el fundamento para el Instituto Van Andel como Director Ejecutivo. Luego de retirarse en 1995 después de una sobresaliente carrera como cirujano de corazón en el Hospital Butterworth aquí en Grand Rapids, el doctor Tomatis dedicó su tiempo al desarrollo del instituto. Consultó a 146 investigadores experimentados de Estados Unidos y de dieciséis países, visitó una docena de instalaciones militares de investigación, y trazó la forma organizacional del instituto. En el verano de 1996, el doctor Tomatis convocó a dieciséis científicos en Grand Rapids para que sirvieran como asesores informales para el naciente instituto. El grupo le dio al instituto su primer objetivo, aconsejándonos seguir la Biología molecular y la Genética como nuestra primera línea de investigación. Seis meses después el doctor Tomatis había reunido a una Junta de científicos asesores de talla mundial que asegurarían la calidad científica de la investigación del instituto.

La junta está compuesta por personas brillantes y visionarias reconocidas por sus colegas como los mejores en su campo. Entre los contactados estaba el doctor Michael Brown, de la Universidad de Texas Medical Center en Dallas, quien en asocio con el doctor Joseph Goldstein, ganaron el Premio Nobel de Medicina en 1988 por su trabajo en el metabolismo del colesterol. Cuando quedó plenamente convencido de que estábamos decididos a crear un instituto que eventualmente estaría entre los mejores del mundo, volcó sus incansables energías como Presidente de la Junta de Científicos Asesores para involucrar a su compañero de veinticinco años y quien fue laureado con el Premio Nobel junto con él, Joseph Goldstein, de la Universidad de Texas Medical Center, Southwestern Medical Center de Dallas. También vinieron a ser parte de la Junta el doctor Richard Axel de la Universidad de Columbia; el doctor Daniel Nathans, de la Escuela de Medicina Johns Hopkins; y Philip A. Sharp, PhD., del Instituto de Tecnología de Massachusetts. Los últimos dos también laureados con Premio Nobel, ayudan a formar un impresionante grupo de expertos. Ellos están a cargo de elegir, dentro de los próximos cinco años, las otras áreas de investigación científica para el Instituto de Investigación Van Andel y nos ayudan a poner en marcha las instalaciones de Grand Rapids.

La emoción que todos sentimos cuando nuestros planes empezaron a tomar forma era contagiosa. En la conferencia de prensa en Diciembre de 1996 que anunciaba el nombramiento de estos científicos, el doctor Michael Brown resaltó:

> "Estamos presenciando el nacimiento de algo que vivirá mucho después que nosotros... Esperamos crear un instituto que aplique los aspectos más fuertes de la ciencia básica directamente a la prevención y cura de la enfermedad humana. Es excepcional que una empresa de este alcance haya tenido inicio. Esto no sucede todos los

días, ni a escala nacional, ni mundial. Este es un gran evento para el mundo así como para Grand Rapids, porque pensamos que este instituto tiene la capacidad en definitiva de ser el instituto líder en investigación médica en todo el mundo".

Esta Junta de Científicos Asesores comenzó de inmediato a concentrarse en algunas prometedoras líneas de investigación. Hay muchos esfuerzos investigativos bien fundamentados orientados a la enfermedad, pero ellos creen que la ciencia ahora debería investigar los mecanismos básicos de la función celular. Debemos saber cuál es el funcionamiento normal de las células y los tejidos, y por qué dejan de funcionar o funcionan de una forma tan anormal que generan enfermedad o causan la muerte.

Previas investigaciones ya han trazado el fundamento de lo que nuestra junta se propone hacer. Cuando los científicos comenzaron a estudiar los mecanismos celulares básicos, encontraron que afecciones aparentemente distintas como el endurecimiento de las arterias (arteriosclerosis), el Alzheimer y la artritis pueden tener el factor común de inflamación crónica. Y la retinitis pigmentosa, una causa muy común de ceguera en los ancianos, podría tener una de las respuestas a nuestras preguntas sobre el cáncer. La retinitis pigmentosa es generada por el crecimiento exagerado de vasos sanguíneos microscópicos (capilares) en el extremo del nervio que transmite las imágenes del ojo al cerebro. En pacientes con cáncer, los únicos capilares que crecen están en el tejido de tumores. Si podemos encontrar cómo estos diminutos vasos son estimulados para crecer, también podremos encontrar la manera de detener su crecimiento. Podríamos matar de hambre al cáncer que depende de ellos para nutrirse. Los tejidos normales no se afectarían. El mecanismo inverso podría usarse para estimular el crecimiento de pequeños vasos a fin de evitar o limitar el daño de ataques cardiacos.

El centro de investigación médica comenzará sus operaciones con un programa dedicado a la ciencia básica molecular y genética y a una investigación clínica. La meta definitiva será la prevención de enfermedades humanas y su tratamiento. El doctor Brown y otros científicos de la junta de asesores creen que al entender mejor la composición genética única de cada persona, se pueden hacer recomendaciones para evitar problemas de salud más tarde en la vida. El doctor Brown explica la esperanza que ofrece el instituto:

> "Lo que vemos delante de nosotros es un mundo en el que la gente puede personalizar su medio ambiente para que armonice con sus exigencias genéticas, así que si, por ejemplo, descubres que tienes un elevado riesgo de padecer cierta clase de cáncer, basado en tu constitución genética puedes tomar la correcta combinación de nutrientes o vitaminas que actuarán a tu favor para evitar esa enfermedad. En el pasado hemos tenido una serie de recomendaciones que todas se aplican para todos. Por ejemplo, recomendábamos que todos tuvieran una dieta baja en grasa, aunque los médicos saben que dos tercios de la población no necesitan una dieta baja en grasa. El problema es que no sabemos cómo identificar a esos dos tercios... Cada uno de nosotros es un individuo bioquímico y la biología molecular moderna y la genética nos han enseñado a analizar los genes de cada persona a fin de entender cuál es el más óptimo para ellos. Hoy todavía no lo podemos hacer por completo, pero probablemente en los siguientes veinte años, con el Instituto Van Andel, podamos comenzar a lograrlo en parte".

Como primer paso, el instituto buscará los mejores cerebros de investigación médica para trabajar en unas instalaciones de última tecnología bien equipadas. Luego el instituto se extenderá a otros sitios dedicados a otros problemas de investigación, localizándose donde estén los mejores científicos e instalaciones.

La investigación de las causas y curas potenciales del Alzheimer y del Parkinson y otras enfermedades es prometedora, pero requiere mucho más apoyo. A medida que la demografía de los Estados Unidos cambia incluyendo una mayor proporción de población anciana, espero que los americanos estén dispuestos a financiar esfuerzos para reducir los terribles efectos de estas enfermedades. Espero que a raíz de mis propios aportes a la investigación médica otros empresarios, fundaciones de beneficencia e individuos interesados den un mayor respaldo.

La organización y financiación privada de la investigación del Instituto Van Andel lo hará único y efectivo. Mientras gran parte de la investigación médica de hoy se ha hecho menos efectiva por la continua y desgastante búsqueda de subsidios federales, el Instituto Van Andel podrá emprender investigaciones extensas y riesgosas sin encadenarse a ese continuo desperdicio de tiempo y mentes. En lugar de canalizar recursos para esfuerzos de lobby o desperdiciarlos en investigaciones comunes, los fondos del Instituto Van Andel irán directamente a su investigación más avanzada.

Espero que la investigación realizada en el Instituto Van Andel realmente sea pionera. El objetivo serán aquellas preguntas acerca de la salud humana que se pasan por alto en las instituciones de investigación tradicionales, aquellas áreas que no han sido investigadas ni financiadas debido al resultado incierto que éstas implican. Las ventajas para nosotros son, primera, que estamos haciendo los mejores esfuerzos, y segunda, al extender las fronteras de la ciencia, podríamos cosechar importantes recompensas que otras instituciones han pasado por alto. Como la financiación privada del instituto le permite tener una perspectiva a largo plazo, los investigadores tienen la libertad de seguir una línea de investigación prometedora así no termine en un avance. La ciencia sólida y bien planeada que no alcanza un avance, sigue siendo buena ciencia que puede ayudar a otros más adelante a tener un gran hallazgo.

Al entender que el Instituto Van Andel podría crear empleo y activar el crecimiento económico en el sitio donde estuviera localizado, ordené que Grand Rapids fuera la sede permanente de las oficinas principales del Instituto Van Andel. Es más, para ayudar a revitalizar el corazón de la ciudad, pedí que el edificio se construyera en el centro. Además de estimular a las empresas locales, la estructura representará una actitud amigable hacia los hospitales, universidades y toda la comunidad. Abriremos su auditorio y espacios públicos a las fuerzas sociales, religiosas intelectuales y artísticas que le dan forma a la ciudad.

Visualizo una institución viva que ofrece empleos de verano a estudiantes de secundaria para motivarlos a seguir caminos científicos en un magnífico ambiente de aprendizaje. Visualizo a nuestros científicos en todos los niveles involucrados con escuelas y universidades locales, y maestros de ciencias trayendo actualizaciones a nuestro instituto. Visualizo a científicos de todas partes del mundo viniendo a trabajar en nuestro instituto, y visualizo congresos nacionales e internacionales realizándose en mi ciudad natal, atraídos por un centro líder en investigación médica. Y visualizo la mano del Señor formando todo esto, nuestro legado.

En consecuencia con la calidad de todos los aspectos del instituto, involucramos a Rafael Vinoly, el arquitecto visionario que diseñó el Foro Internacional de Tokyo, la estructura de 1,4 millones de pies cuadrados que se ha convertido en la marca de la ciudad. Vinoly tiene muchos grandes proyectos en diferentes etapas de desarrollo: una corte de $150 millones de dólares para la ciudad de New York, un estadio de treinta mil sillas para la Universidad de Princenton, e institutos de investigación para la Universidad de Columbia y para el Profesor Mountaignier de la Universidad de la ciudad de New York (quien descubrió el virus del Sida). Nos impresionó su insaciable curiosidad, ingeniería creativa y orientación a los detalles. Vinoly ha diseñado un hermoso laboratorio de última tecnología para nosotros. Se construirá en dos etapas. La primera, un edificio de cien mil pies cuadrados, comenzó en Febrero de 1998 con una finalización programada para finales de 1999. Esperamos que el milenio nos encuentre ya en funcionamiento.

En Mayo de 1998 el Instituto de Investigación Van Andel reclutó al talentoso investigador y organizador George Vande Woude, PhD., como el primer Director de Investigación.

El doctor Vande Woude es un experto conocido internacionalmente en el área de Oncología molecular (el estudio del comportamiento del componente celular en el cáncer). Viene del Instituto Nacional de Cáncer (NCI, por sus siglas en inglés), en Bethesda, Maryland, donde está desarrollando estrategias para reorganizar su investigación intramural. Esta división, el emprendimiento de investigación científica básica más grande del mundo, está compuesta por 32 laboratorios y más de 180 investigadores expertos dedicados a entender los mecanismos del funcionamiento celular que pueden utilizarse para producir nuevos tratamientos para el cáncer. Graduado de la Universidad Rutgers, el doctor Vande Woude recibió muchos honores y premios incluyendo la elección para la Academia Nacional de Ciencias.

Tengo la confianza de que él es la persona adecuada para liderar los esfuerzos científicos de nuestro instituto.

## EL AMOR SE PROFUNDIZA

Parte de mi fuerte interés en la investigación médica y el Instituto Van Andel yace en mi preocupación por la enfermedad de Alzheimer que padece Betty, los constantes problemas cardiacos de Rich y mis propias batallas recientes con problemas fisiológicos. Sé cómo es ver sufrir a seres queridos por fallas en el cuerpo humano y ser testigo de su recuperación bajo el cuidado de hábiles médicos. Por medio del Instituto Van Andel, tengo la esperanza de que las bendiciones materiales que Dios me ha otorgado durante mi vida se puedan usar para reducir el sufrimiento humano y extender vidas.

En Junio de 1997 Rich fue sometido a una cirugía de trasplante de corazón. Muchos años de problemas cardiovasculares habían dejado el corazón de Rich con daños permanentes, y era necesario hacer esa riesgosa cirugía para darle a Rich más años preciosos de vida. Los largos y agonizantes meses de espera finalmente valieron la pena y Rich hizo un gran progreso durante las semanas después de la cirugía. Estoy convencido de que su optimismo y fuerte fe, así como la oraciones de miles de personas que se preocupan, ayudaron a Rich durante este difícil tiempo.

Aunque la cirugía de Rich se hizo en Londres, mantuvimos contacto permanente durante la espera del corazón y la recuperación. Cuando hablábamos vi que las décadas habían fortalecido la única amistad que Rich y yo tenemos. Dios tiene su mano sobre nuestras vidas, y ha bendecido esa amistad de una manera que muy pocos pueden entender. Por más de medio siglo hemos experimentado buenos y malos tiempos juntos, y todo esto ha sido para la gloria de Dios. A medida que los problemas físicos nos afligen a los dos, me parece que Dios nos ha dado la amistad humana para recordarnos Su continua presencia con nosotros en tiempos de dificultad.

CAPÍTULO 21

# LAS ANCLAS DE LA VIDA

Cuando hay amenaza de tormenta, los botes y embarcaciones grandes navegan a sotavento, o hacia el lado opuesto de donde golpea el viento en una isla y se aseguran con dos o más anclas. Si las anclas se sostienen, el barco no saldrá volando no se volcará a causa de los vientos y las olas. Unas anclas mal ubicadas o con cadenas débiles, pueden poner en peligro la seguridad de todos a bordo.

Todos debemos elegir varias partes de la vida que puedan sostenernos cuando lleguen los problemas. Estas "anclas" deben ser confiables y seguras, para que no fallen cuando son más necesitadas. Ha habido tres anclas en mi vida, amarras que me han mantenido seguro y firme mientras el mundo a mi alrededor rugía. Éstas son mi fe, mi familia y mis amigos.

Mi fe ha sido mi ancla más confiable. Ha sido mi pilar y consuelo a lo largo de mi vida. En la tradición de mis ancestros holandeses, no puede haber sustituto para una profunda confianza en Dios para obtener ayuda y sustento. Armado con la fe que mis padres me enseñaron, siempre tuve una brillante estrella como guía, y la amable y amorosa mano del Señor sosteniéndome. Su fortaleza me inspiró y consoló en las horas más oscuras. Nunca he estado solo en mi vida, porque Él ha estado conmigo.

Mi familia ha sido mi más fuerte ancla y mayor tesoro. Nada en la vida ha sido más valioso que mi matrimonio con Betty y los maravillosos momentos que hemos pasado juntos en décadas. Mi carácter holandés me ha dado control sobre la exteriorización de sentimientos, pero aunque puedo haber reflejado una imagen de distanciamiento, en realidad he dado y recibido a cambio mucho amor. Desde cuando conocí a Betty la he amado sin cesar, y agradezco a Dios por permitirme el privilegio de seguir haciéndolo.

Mis hijos han crecido para reflejar la dedicación de su madre y nuestro amor. Ellos están siguiendo sus propios destinos a sus maneras únicas y diferentes, y los veo con gran orgullo.

Hace cerca de veinte años contratamos como camarero del *Enterprise* a un joven cubano que con los años se convirtió en el favorito de las dos familias cuando estábamos a bordo. Francisco (Frank) Padron nos consintió a todos con su atención, finos modales y lealtad. Los dos confiamos en él y nos agradó mucho. Por lo tanto era lógico que lo conservara más recientemente como mi asistente personal y ha hecho que la transición de buena salud a luchar con el Parkinson haya sido mucho más fácil para mí. Su rostro animado es lo último que veo cada noche y el primero en saludarme cada mañana. Su compañerismo y apoyo son muy importantes en mi vida diaria.

Mis amigos han sido mi ancla del barco, me mantienen dirigido hacia el viento para que no me rinda cuando pareciera que los problemas de la vida pudieran hundirme. Hay muchas personas a quienes les debo mucho de lo que soy, quienes me han ayudado a disfrutar la vida incluso cuando las tempestades son las más feroces. Cualquier lista de estos queridos amigos podría no llegar a estar completa, pero sería descuidado si no hiciera una mención especial a mi más viejo y mejor amigo y socio Rich DeVos.

De muchas maneras Rich ha sido parte de mi familia y yo he sido parte de la suya. Es interesante lo que Dios ha hecho en nosotros dos desde que nos hicimos amigos hace casi seis décadas atrás. Rich y yo no sólo nos hemos complementado el uno al otro, sino que hemos llegado a ser lo que somos debido a nuestra amistad y sociedad. Otros que hayan disfrutado de una amistad cercana y de toda la vida me entenderán mejor. No tengo una fórmula para una amistad así, pero lo sabrás cuando encuentres a "ese amigo".

Cada una de estas tres anclas me ha ayudado a resistir las tormentas de la vida. Dios ha sido muy bueno conmigo al darme fe en Él, bendecirme con una familia tan maravillosa y fortalecerme con buenos amigos.

Por setenta y cuatro años Dios me ha bendecido con vida y aliento. Me ha dado la libertad para intentarlo, fallar y volverlo a intentar una y otra vez. Después de muchas pruebas me bendijo con éxito. Es mi deber y gran privilegio compartir ese éxito con otros. Por medio de la empresa Amway y mis propias donaciones a lo largo de los años, he disfrutado el ver cambios positivos en vidas humanas. Hoy, en todo el mundo, tres millones de personas están experimentando la libertad y la plenitud de desarrollar sus propias empresas por medio de Amway. Muchos están descubriendo que el ser emprendedor puede ser más gratificante que cualquier otra cosa que puedan hacer. Algunos han dejado carreras como médicos, abogados y ejecutivos de corporaciones para desarrollar sus distribuciones de tiempo completo. Otros, frustrados por las barreras de reunir capital para iniciar una empresa, han encontrado que Amway proporciona una puerta de entrada de bajo costo al mundo de la independencia laboral. Y al mismo tiempo millones están aprendiendo habilidades gerenciales, habilidades de "gentes" y autoconfianza.

Las oportunidades que ofrece Amway han sido el evidente crecimiento de las creencias que Rich y yo tenemos en la libre empresa, la libertad y la libertad política. Por medio de Amway los distribuidores sirven como "embajadores de emprendimiento" en todo el mundo. Como consecuencia, ciudadanos de ochenta países hoy comparten los beneficios del sistema de libre empresa. Y comparten la esperanza de una vida mejor.

## LA ESPERANZA DEL EMPRENDIMIENTO

Hace medio siglo, cuando Rich y yo dirigíamos nuestra empresa aérea, nunca nos imaginamos qué surgiría de nuestra sociedad. Recordando, traigo a la memoria cuánto nos divertimos y las importantes lecciones que aprendimos. Descubrimos el valor de la persistencia ante el desánimo. Aprendimos acerca de equilibrar las obligaciones familiares y de empresa, y acerca de la importancia de la moral en la vida de los empresarios. Aprendimos a trabajar duro y a soñar en grande.

Cada estado del desarrollo de Nutrilite y luego Amway nos enseñó algo nuevo. El éxito inicial de Nutrilite nos dio experiencia en ventas directas y el fundamento para el plan de ventas y mercadeo de Amway. Luego sus errores administrativos nos enseñaron la importancia de la fidelidad en tratos de negocios y la necesidad de mantener buenas relaciones con los distribuidores. Los primeros años de Amway nos enseñaron cómo construir unas instalaciones de producción de primera clase y dirigir su rápido crecimiento. Pelear batallas legales y ataques de los medios desde finales de los años 1970 hasta mediados de los 1980 nos enseñó sobre la importancia de tener buenas líneas de comunicación con el gobierno y el público. El impacto positivo que los dólares de Amway hicieron en el área de Grand Rapids y en todo el mundo nos demostró la necesidad de una ciudadanía corporativa.

Algunas de estas lecciones las aprendimos a las malas, pero cada una de ellas nos ayudó a hacer que Amway fuera más fuerte. Amway ha evolucionado hasta el punto en el que su extensa red de distribuidores es una fuerza potente en el mercadeo americano e internacional. Muchas empresas ahora desarrollan ideas de productos y campañas de ventas en todas partes usando a los distribuidores de Amway como modelo para la organización de mercadeo. Ahora Amway es mucho más que una empresa de jabones, los miles de productos y servicios que Amway comercializa han ganado la lealtad de clientes y el respeto de la competencia.

Amway está destinada a ser mucho más grande de lo que es hoy, porque la oportunidad de mejora personal e independencia que Amway planea, ofrece un atractivo universal. Amway tiene la oportunidad de cumplir un sueño que es común entre las personas de todas las naciones, razas, edades, culturas y profesiones. Si esa oportunidad se puede ofrecer de la misma manera y si los clientes siguen emocionados en cuanto a nuestros productos, Amway seguirá creciendo.

El emprendimiento no está muerto a pesar de muchas severas limitaciones en la libertad que tienen las empresas para hacer su trabajo. El éxito de Amway demuestra que millones de empresarios están mucho más vivos e involucrados en el proceso de creación de riquezas. Los empresarios están haciendo su parte en la economía, haciendo crecer sus empresas, educando sobre recaudación de fondos, Arte e investigación, apoyando a sus iglesias y beneficencias locales, y aumentando la calidad de vida para todos. En cada país, bajo cada sistema económico, estos hombres y mujeres están luchando por crear una mejor vida para sí mismos y para todos los que los rodean. A veces el gobierno trabaja con y para los empresarios; a veces pone barreras en su camino. Pero sin importar lo que el gobierno pueda hacer para dificultar su trabajo esencial, los empresarios siempre estarán ahí. Y mientras los empresarios estén con nosotros, y vivan vidas morales, hay esperanza.

## LA ESPERANZA DE SANIDAD

Para mí, una de las más grandes alegrías en el desarrollo de una empresa exitosa es la oportunidad de compartir nuevas riquezas con otros. Rich y yo lo hemos hecho a nuestra manera, y nuestros hijos también conocen la importancia de la generosidad. Mi prioridad en dar ha sido expandir la esperanza de sanidad.

El Instituto Van Andel de investigación y educación médica le devolverá muchas veces a la humanidad lo que la sociedad nos ha dado tan abundantemente. No puedo pensar en una mejor manera de tocar las vidas de cada persona sobre la tierra que apoyando la investigación que extenderá la vida humana y reducirá el dolor y sufrimiento humanos. Lo que me ha impulsado a crear el Instituto Van Andel no es un deseo de fama o de premio. Mi motivación está arraigada, primero, en mis experiencias personales con la parálisis y enfermedades que amenazan la vida. Cuando has sentido el desespero y la impotencia de ver sufrir a un ser querido debido a una larga enfermedad, has conocido la esperanza que viene de saber que se están haciendo progresos en la investigación. Gracias a Dios, recientemente los ajustes en mi medicina me han dado mejoría, permitiéndome asumir compromisos de conferencias y funcionar de manera más normal. Segundo, estoy obligado a hacer el mejor uso posible de los recursos que Dios me ha confiado. Luchar contra la enfermedad y la muerte, las cuales son consecuencia del primer pecado en el Jardín del Edén, para mí es una meta que vale la pena. También es probable que la gente asocie mi nombre con el instituto y recuerden que los frutos del Capitalismo hicieron posible esta invaluable investigación. Si así es, entonces habré transmitido un mensaje más poderosa y permanentemente que todos mis discursos sobre la libre empresa.

En el gran diseño de Dios sobre el universo, yo soy sólo una persona más. El Creador, en Su sabiduría, nos da a cada uno de nosotros diversos talentos que Él se deleita en ver que los usamos para Su Gloria. Para mí, por una razón aún desconocida, Él me ha dado la oportunidad de esparcir Su mensaje de fe, libertad y esperanza a cuantas personas Rich y yo hemos encontrado en nuestro negocio y en nuestras vidas públicas y privadas. Con fervor espero que sus vidas sean un poco mejor por esos encuentros.

# SOBRE EL AUTOR

Jay Van Andel, el cofundador de Amway Corporation, nació el 3 de Junio de 1924 en Grand Rapids, Michigan. Se graduó de la Escuela Cristiana Secundaria de Grand Rapids y estudió en la Universidad Calvin de Grand Rapids, Universidad Morningside de Sioux City, Iowa, en la Escuela de Negocios Pratt de Pratt, Kansas, y en la Escuela de Cadetes de aviación de la Universidad Yale en New Haven, Connecticut.

En Agosto de 1952 se casó con Betty Hoekstra. Ellos tienen cuatro hijos, Nan, Steven, Barbara y David. El sentido de familia de Jay y Betty, que primero se demostró en la crianza de sus hijos, trascendió los limites tradicionales, alcanzando relaciones formadas tanto en los negocios como con vecinos, la comunidad de Grand Rapids y más allá.

Años de dedicación muestran la tremenda energía personal de Jay Van Andel, energía que llevó a muchos y diversos intereses, entre los cuales está Amway Corporation. Amway es una de las compañías de venta directa más grandes. La compañía ofrece más de 450 productos marca Amway, miles de artículos con marca propia por medio del catálogo de compradores personales, además de una variedad de servicios y productos educativos. Estos productos los venden más de 3 millones de empresarios que operan en 46 mercados filiales. Siendo una historia de éxito fenomenal sobre el espíritu emprendedor americano, Amway fue fundada en 1959 por Jay Van Andel y Richard DeVos. Su poco conocido crecimiento en las subsiguientes décadas ha sido fuente de inspiración y progreso para literalmente millones de personas en todo el mundo.

A medida que la presencia de Amway se extendió por todo el mundo, también lo hizo la reputación de Jay Van Andel. En 1992, el Presidente George Bush nombró a Jay como Embajador de los Estados Unidos y Comisionado General para la Exposición de Génova '92. También ha servido como Presidente de la Cámara de Comercio de los Estados Unidos, Director de la Fundación Gerald R. Ford, Presidente de la Comisión del Bicentenario de Estados Unidos y los Países Bajos y como miembro de la Junta Mundial de Gobernantes U.S.O. Es fideicomisario de la Fundación Jamestown así como Fundador del Instituto Van Andel para la Educación e Investigación Médica en Grand Rapids.

## RECONOCIMIENTOS Y PREMIOS

Herencia Religiosa de América, Premio al Líder de Negocios y Profesional del Año, 1974; Premio al Gran Americano en Vida, 1982.

Doctorados honoríficos de la Universidad Del Norte de Michigan, 1976; de la Universidad Estatal Ferris, 1978; de la Universidad del Oeste de Michigan, 1980; de la Universidad Estatal de Grand Valley, 1992; de la Universidad Estatal de Michigan, 1997.

Premio Golden Plate, Academia Americana del Logro, 1981.

Salón de la Fama de la Asociación de Ventas Directas, 1987.

Gran Salón de la Fama de Empresarios De Grand Rapids, 1989.

Premio al Logro del Programa Ambiental de Naciones Unidas, recibido en representación de Amway, 1989.

Empresario del año, Club Económico de Grand Rapids, 1990.

Academia Internacional de Logros de Ejecutivos de Ventas y Mercadeo, Charter Inductee, 1990.

Premio a la Libre Empresa Adam Smith, del Consejo Americano Legislativo de Intercambio, 1993.

Premio Edison, Asociación Americana de Mercadeo, 1994.

Premio Clare Boothe Luce de la Fundación Heritage, 1998.

Medalla de Honor George Washington, Fundación Libertades.

Medallas de Oro, Sociedades de los Países Bajos de New York y Filadelfia.

Miembro de la Sociedad MENSA de los Estados Unidos.

Premio Patron, Fundación Michigan para las artes.

Orden de Caballero, Gran Oficial Orange Nassau de los Países Bajos.

Miembro Honorífico de la Sociedad Nacional Omicron Delta Kappa